自己理解ワークブック

福島脩美 著

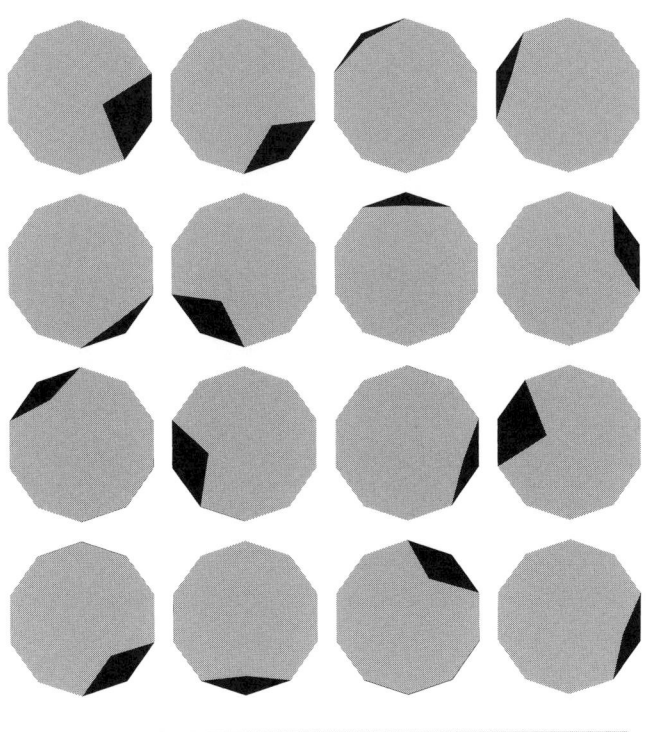

金子書房

は じ め に

　夜空を見上げれば，シリウスや木星の輝き，そしてスバルと呼ばれる星たちの集合を肉眼で見ることができます。また小さな光学機器を使えば木星のガリレオ衛星も，さらに高解像の装置を使えば遙かに遠い星の姿をとらえることができるでしょう。星はそこに確かに存在しているのですから。

　それに比べて，心はどうでしょう。心は観察することができるのでしょうか。喜びの感情がわいたと思ったら嫉妬心に変わっている，悲しみと喜びが同居しているようなときもある，というように移ろいやすい心。心は目に見えませんね。そして意識を向けたとたんに心の状態は変化してしまいます。また身近な人の心についても，私たちは多分こうだろうと推測をしているに過ぎません。本当のところはわかりません。

　自分のことだからわかっていると思っているのに，実はよくわからないということがあります。むしろ自分のことだからこそ見えない，わからないということが多いようです。ある人は自分を「てんでダメだ」などといいます。周りから見ればうらやましい個性の持ち主なのに，理想像に比べて現実の姿が離れていると思うのでしょう。自分を理解するということは，実にやっかいな大仕事であるといえるでしょう。

　この本，『自己理解ワークブック』は，わかりにくい自分の心をいま少しよく理解し，自分の個性を活かしてこの世界に生きていくために役立つと思える心の作業を創案し，加工し，編集したものです。

　ご自分で1人静かに，あるいは学校の教室で，あるいは誰かと一緒に，この本を手がかりにして，ご自分と対面して，ご自分に温かい目を向けて，個性を実現するヒントをつかんでいただきたい，そういう願いから，本書を贈ります。

著　者

〔お願い〕　個人あるいはグループで自己理解ワークを実施されるさいには，事前と事後に十分な
　　　　　心の休養をとっていただくことに留意して下さい。

目　　次

序章　自己理解と成長　オリエンテーションに代えて ――― 5

1. 本書を通して経験し学んでほしいこと　5
2. 本書の基本的立場　10

1章　人と環境の結び目　心は世界をどうとらえるか ――― 14

1. 変身ゲーム（目についた何かになってみる）　14
2. 主人公の心を読む　18
3. 文章完成法に表れる自分　19
4. 反転する"見え"の世界　21

2章　他者の目，自分の目　自分はどういう人間か ――― 24

1. 20の扉（"Who am I ?" テスト）　24
2. ジョハリの窓　28

3章　否定的な心の枠組み　気持ちが変わる経験 ――― 32

1. 「しか」と「なら」の言い換えゲーム　32
2. 「できない」と「しない」の言い換え　35
3. 一人称と三人称の相違　38
4. 汝自らを知れ　40

4章　原因についての楽観的・悲観的な考え方 ――― 41

1. 原因を推測する　41
2. 推測ゲーム　42

目次

  3 原因帰属傾向を考えるための簡易尺度 43
  4 起こりそうな出来事の原因に関する質問 47
  5 楽観－悲観のよさと課題 49

5章 なじんだ環境 心を育て，癒すもの ——————————— 51
  1 幼い日の思い出 51
  2 いつも身近にあって心を支えているもの 56

6章 自分の大切な持ち物 マイ・リソース ——————————— 60
  1 マイ・リソースの価値 60
  2 私の宝物（遺失物係ゲーム） 64
  3 何を失って，何を得てきたのか 68

7章 心身一如 心から身体へ，身体から心へ ——————————— 71
  1 ゲシュタルト療法の考え方を応用して 71
  2 呼吸の調整 78
  3 筋緊張と筋弛緩 80
  4 手のひらのぬくもり 81

8章 想定書簡法 自己カウンセリング演習 ——————————— 84
  1 投函しない手紙を書いてみよう 84
  2 その人から，私へ 85
  3 体験の振り返り 87

9章 カウンセリングを模擬体験する ——————————— 92
  1 カウンセリングにおけるクライエントの役割 92
  2 カウンセリングにおけるカウンセラーの役割 94
  3 書記的方法による自己カウンセリングの例 96
  4 話し手・聴き手のコミュニケーション演習（グループ・レッスン） 98

10章　人生における人とのかかわりを展望する ―――― 102

1　人生コース図を描く　102
2　してもらったこと，してあげたこと　108

11章　心残りを越えて今を生きる ―――― 111

1　もしも，あの時，あそこで，ああしていたなら　111
2　アサーション（assertion：積極的自己表現）　118

12章　コーチング ―――― 122

1　自分の理想のコーチ像　122
2　自分がコーチになるとしたら　124
3　自己調整過程の促進（自己コーチング）　127
4　自己コーチングの手順　129

終章　自己カウンセリングの心理学 ―――― 134

1　自己カウンセリングの構造　134
2　自己カウンセリングのプロセス　135
3　自己カウンセリングの成果　137
4　結び　137

Appendix ―――― 139

1　現在感情気分評定20　139
2　想定書簡体験の振り返り票　140
3　人生コース作図体験評価票　141
4　損益対照表　142
5　［目標の具体化，段階化－行動計画の適正化－実行と評価］記録表　143

自己理解と成長
－オリエンテーションに代えて－

1 本書を通して経験し学んでほしいこと

1) 自己理解のプロセスを体験する

はじめに筆者の個人的経験になりますが，少しの間お付き合いください。

思いがけず旧友に出会ってエールを交換したことがあります。友人から「Fさん，変わらないねえ，歳をとらないみたいだ」とお世辞を言われ，「いやいやKさんこそ，ちっとも変わらないね」と返報したものです。髪が白くなった彼と髪がずいぶん薄くなっている私がそんな会話を楽しみました。その晩，鏡に写った自分の髪が心なしか少し回復したような気がしたものです。彼も少しだけ若やいだ自分を鏡の中に見たかもしれません。これと反対に，老け込んだ知人に出会って元気の出ない話を聞くと，『ああ，こちらも老けて見えることだろうな』と弱気になります。弱気になって自分を振り返ってみると，衰えを感じる経験があれこれ連想され，いっそう元気がなくなります。

この例のように，私たちは自分を知る手がかりを身近な人に求めることができます。身近な人を鏡にして自分を映して自分を知ることができます。そうした経験が誰にもあるのではないかと思います。あなたの場合は，どんなことがきっかけで自分を鏡に映した（自分に目を向けた）でしょうか。

Q1　あなたが自分に注意を向け，自分を知ることになった出来事を1つ，メモしてください。

Q2　そのときの心の動きを振り返ってみましょう。どういうことを感じ，考えたのでしょうか。

学生なら，教授から「なかなか鋭い考えだ」と感心されると，自分に才能があるかもしれないという肯定的な自己知覚（自分についての見方）と自己期待（自分についての期待）が膨らみ，やる気がでることでしょう。また，異性からの好意の視線を感じると自分の魅力を自覚し，それが勘違いだったとわかったときはうぬぼれやすい自分に気づくことになるでしょう。

　自己理解とは，自分を知り理解すること，自分自身に関する理解のことです。そして，自分を知り，理解するための手がかりには，身近な人から直接あるいは間接的に指摘された経験や身近な人の行動によって自分を省みる経験などが含まれます。ここで重要なことが3つあります。

　第1は，自分を知る鏡となる身近な人を持っているかどうか，そしてどんな人が身近にいるかということです。誰もいない孤独な世界，つまり社会的真空の中では，人の自己理解は重大な制約を受けることになるでしょう。また冷たい批判の目に囲まれて生活する人の自己理解は限定的な偏ったものになるように思います。

　第2は，他人の指摘や行為を自己理解の手がかりにするか否かはその人の受け止め方次第だということです。親切な意見や的確な指摘を受けたとしても，それを受け止めなければ結局は意味を持たないことになります。

　第3に，受け止め方には著しい個人差があるということです。その個人差には，自分に対する基本的態度が関係しているようです。ある人は見るもの聞くものすべてを自分のマイナスの面に結びつけ，自分をマイナスの存在と思い込む手がかりとします。その反対にプラスの目で自分を知り理解する傾向の強い人もいるようです。また自分のある面には否定的に受け止めるが，それ以外のことはおおむね肯定的に理解する人もいます。人は自分に対する見方の枠組みを持っていて，それに応じて，社会的経験を解釈しているといえるようです。つまり，自己の枠組み，自分について抱いているイメージやコンセプトが出来事の受け止め方に大きく影響し，そのような受け止め方によってさらに自己の枠組みを維持し強化していると考えられます。

Q3　Q1であなたが書いた出来事の性質は，プラス？　マイナス？　中性的？

Q4　あなたの自己イメージはどのようなものであったといえるでしょうか？

序章　自己理解と成長　－オリエンテーションに代えて－

　本書は読者に自己理解のガイドブックとして，自分のいろいろな面に注意を向け，自分の心を顧みて，自分のよさに気づき，自分の至らなさを受け入れ，自分を温かく支える経験をしてほしい，そして自己成長の道を着実に進んでほしいという願いによって企画，執筆されました。

　まず，本書をガイド役として自己との対話を試みてください。本書は自己理解をガイドする方法として4つの面を取り上げることにします。

　第1は，時間軸にそって理解する方法です。自分の幼いころの経験を振り返って（回顧的推論），あるいは将来の自分を想像して（予見的思考），そして今の生活と気持ちに注意を向けて（今ここでの気づき），自己理解を促進することができるでしょう。

　第2は，空間軸にそって理解する方法です。自分の得意な活動や不得意な活動などの生活の諸相，好きになれない自分の一面やお気に入りの自分の姿など自己にかかわる広がり，さらに，好きな友人や苦手な上司のような人間関係の諸側面などに多面的に注意を向け，視野を広げて，自己理解を促進することができるでしょう。

　第3は，視点変換によって理解する方法です。厳しい人に叱られている情景や失敗した経験を思い起こして自分がどういう人間かと考えると，自分の否定的な面ばかりが浮上するでしょう。ところがやさしい人の温かい視線に包まれた自分を考えてみると肯定的な自分のイメージが浮上することでしょう。肯定的視点と否定的視点とを巧みに調整することができたら，明るい気持ちで，かつ慎重に課題状況に取り組むことができて，自己成長の力がわいてくるように思いませんか。本書の中で，そのような経験ができると期待していただいてよいと思います。

　第4は，相互に影響し合う関係軸にそって理解する方法です。ある人に対するこちらの好意的構えや否定的な見方や考え方がこちらの行動に表れ，それによって相手の好意的あるいは否定的な態度が引き出され，それがこちら側にとっては肯定的あるいは否定的環境になり，それに対応するこちらの態度や行動が喚起され，こうして相互に影響が循環するという相互影響循環の考え方が重要になります。このような相互作用過程は今日の心理学の重要な理論的傾向となっています。

　以上，4つの理解の方法は，自分の経験を振り返って理解を深める方法に総括されます。そして，このような経験の振り返り作業は，この面から見るとこういう自分が見えるが，別の面から見ると少し違った自己像が現れるというように，自分について自分であれこれ思索することになります。思索は自分の中の内的対話ともいえる活動であり，1人でもできる自己内対話といえるものです。日記や作文もこうした自己内対話を導き，深め，促進し，記録にとどめ，その成果を確実にするための道具になります。本書はこのような自己内対話を心理作業として実施するための道案内をすることになります。

　同様に，話すことも自己内対話を促進し，その影響を確実にするための手段になります。

自己内対話を誰かに話して聴いてもらう場合に2つの方式があります。1つは，お互いに自分の経験を話し，また聴き手にもなる，相互話し手・聴き手方式です。双方向のコミュニケーションを通して，自己理解と他者理解を促進することができます。もう1つは，一方の人が自己内対話による経験を他方の人に話し，他方の人は話し手の自己内対話をどのように理解したかを話し手に伝える方式です。つまり，一方の人は話し手に徹し，他方の人は聴き手に徹する方式で，これがカウンセリングの基本形になります。聴き手はカウンセラーであり，話し手はクライエント（顧客の意味）と呼ばれます。話し手は話して聴いてもらって，聴き手の受け止め方を鏡にして，さらに自己内対話を展開することになります。

　では，どういう聴き手なら，あなたは自分の経験を率直に話して，自己理解を広げ，深めることができると思いますか？　その答えがカウンセラーの備えるべき条件ということになるでしょう。詳しくはこれからの各章で取り上げたいと思います。とりあえず，ここでは，あなたと聴き手の間に親しい関係を築くことができ，真剣に誠実にあなたの経験に耳を傾けてくれる人，ということになるでしょうか。

2）心理学の考え方を学ぶ

　いろいろな学問はそれぞれに独自な対象と方法を持っています。心理学は心を対象として科学的方法で研究する学問です。心は物のように直接に目に見えませんから，間接的に観察することになります。生物学が顕微鏡の発明によって発展したように，天文学が望遠鏡の開発によって進歩したように，心理学は目に見えない心を観察する手段をいろいろ開発して発展してきました。その基本的考え方はブラックボックス・モデル（暗箱モデル）と呼ばれます。たとえば，箱（心）の中に何が入っているか，開けずに知りたいとき，どうしたらよいでしょうか？　振ってみると音がします。たくさんの転がる音がします。そこで箱の中には丸いもの，多分ビー玉がたくさん入っていると予想することができます。別の人たちが同じように箱を振って同じように判断したとすれば，とりあえずこの予想は正しいと考えてみることができそうです。ここで箱に振動を与えることを刺激と呼び，ころころ音がするのを反応と呼び，中の状態を心（人間，生活体）と呼ぶと，目に見えない心の働きを知るための心理学の基本的概念図式が次のように表されます。

$$\text{刺激（S）} \longrightarrow \text{心（O）} \longrightarrow \text{反応（R）}$$

　ここで刺激（S）は声かけや質問などの人への働きかけ，心（O）は人間や動物などの生活体，反応（R）は刺激に対する生活体の反応を表します。

序章　自己理解と成長　－オリエンテーションに代えて－

　皆さんがご存じの性格検査は，性格という目に見えない特徴を測定する心理学の道具として開発されました。たとえば社会的内向性・外向性という性格特性は，新しい場面への馴染みやすさ，多くの友達をつくる速さなどについて質問し，得られた回答を総合して測定されます。また不安になりやすさの程度は不安に感じる多くの場面を示して，それらの場面でどの程度不安を感じるかを答えてもらって測定します。また知能は記憶や理解に関する問題に対する答え方から判断されます。このように心という目に見えない研究対象を，具体的な場面での行動傾向を尋ねて，その回答から推測することができます。

　さて，心理学の対象である心はさまざまな側面を持っています。心を複雑な計算をするコンピューターにたとえて研究する人々もいますが，本書は主に自分や身近な人に対する態度や泣いたり怒ったりする感情や状況の理解の特徴に焦点をあてることにします。

　喜びや悲しみ，不満や満足感のような心の状態や働きは本人が感じる主観的経験です。それは，他人から見ると表情が生き生きしたり目を伏せたりする行動から推測することができますが，本人の主観的経験を聞いてみることがもっとも重要な情報を得る手段となるでしょう。主観は心理学の重要な対象です。心理学は主観を重要な研究対象として，刺激を与え，その結果生じる主観的体験を記録し，そのデータによって理解を深めることを重視します。

　心理学への関心は，自分を知りたいという根源的欲求によって支えられているように思えます。人は誰も自分の心に関心を持っているように見受けられますが，しかし，何かの機会にふと自分の心に目を向けることはあっても，それを一貫した自己理解の作業に結びつける人は少ないようです。本書はいろいろな作業を通して自分の経験を振り返り，安定した自己理解を手助けすることを目標にしています。読者は本書をガイドとして，自分の心の世界を旅することができるでしょう。

　心理学の本は難しいだけで，役に立たないということを耳にすることがあります。この本は心理学の専門書ではありません。しかし，本書を通して，自分の心を理解し，ひいては人間の心に関する深い洞察の手がかりを得ることができれば，それはすなわち心理学の本質にかかわる学びを経験することになると言えるでしょう。そういう経験をガイドすることが本書の願いです。

3）カウンセリング心理学を体験を通して学ぶ

　カウンセリングは，自分の問題を解決しようとする人（この人をクライエント＝顧客と呼びます）が，その人の自己理解と問題解決を援助しようとする人（この人をカウンセラー＝相談に乗る人と呼びます）に対して，自分の経験を語り，カウンセラーの心の鏡に映して自分の心を理解し，主体的に自己の問題を解決する過程である，といえるでしょう。別の面から言えば，カウンセリングは，クライエントが自らの体験を整理し自分らしい生

き方を自己決定する過程をカウンセラーが援助する営みであるともいえるでしょう。したがって，カウンセリングは，カウンセラーからクライエントへの指示や情報伝達の営みではなく，クライエントの自己対面を援助する仕事であるといえます。

　カウンセラーとして成長するためには，カウンセリング心理学の知識を習得することも大切ですが，カウンセリングにおけるクライエントとカウンセラーの心の動きを体験的に理解することが何よりも大切なことといえます。それには，まずもって自分の経験を振り返り，自分の心の動きに目を向けて，自己理解を広げ，深めること，とりわけ他者と自己に対する温かい関心と尊敬の態度を育てることが肝要となります。本書はこの目的のためにも，役立つことを願って構成されています。

　自分の心に対面する活動は，ともすると，一方ではためらいを他方では無理して自己開示する態度を引き起こすことがあるかと思われます。そこで無理のない自然な自己開示を可能にする準備体操のような活動が必要になります。

　本書を手がかりにして1人で自己カウンセリングをする場合は，十分な時間を用意して，心身のリラックスを心がけて，じっくり取り組んでくださるようお願いします。

　また本書を大学などで教養科目の授業で，あるいはカウンセリングの入門の授業など集団的状況で使用する際には，受容的親和的雰囲気づくりに努め，実施に当たって，その活動の意義を手短に話すとともに，無理なく可能な範囲で自己開示するように伝えることが大切です。また実施後に親しい友人と感想など話し合って，支え合うよう教示し，動揺の感じられる学生の様子を観察し，教師から声をかけることにしましょう。

2　本書の基本的立場

1）何が自己理解と成長を可能にするかを知る

　人は環境によってつくられるという考え方があります。確かに環境は人に影響します。環境次第で人は残酷にもなるし，慈悲深くもなるということがあると思います。環境をよくすることによって人の良い面を引き出し，伸ばすことができるでしょう。

　本書のタイトルとなっている「自己理解」に適した環境，相応しい環境はどのようなものでしょうか。本書を通して読者と一緒に考えていきたいと思いますが，ひとまず次のように提案してみたいと思います。

　1つは温かい目，敬愛のまなざしです。子ども時代にこういう経験をしたことはありませんか？　その人に会うと，不思議に良い子になってしまう，その家に行っていると元気が出て，すべてがうまく回る。このようなとき，あなたは温かい愛情のまなざしにやさしく見守られていたのではありませんか。ところが別の人の前では，自分が悪い子に思えて

序章　自己理解と成長　－オリエンテーションに代えて－

きて，情けない辛い経験をして，そして実際にすべてが悪く回ってしまう。このような場合，冷たいまなざしがあなたに注がれていたのではありませんか。

　もう1つは自己の可能性を感じさせてくれる言葉かけです。「だいじょうぶ，きっとできる」，「失敗してもまたやればいい，あなたならだいじょうぶ」という信頼の言葉をかけてくれる人がいて，信頼してくれる気持ちが伝わってくると，私たちは，積極的な気持ちで課題事態に取り組み，のびのびと力を発揮でき，結果的に，物事がうまくいくように思います。

　環境の中でも影響力が大きいのは家族や先生や友達など身近な人たちですから，身近な人から温かい愛情のまなざしを向けられ，信頼の言葉かけを受けることが続くなら，私たちは自分に対して温かい目を向け自分を信頼することができるでしょう。

　ここで2つの場合について考えてみたいと思います。1つは，環境から愛情と信頼を向けられているのに当人は気づかない，あるいは曲解してお世辞を言われていると受け取ることがあります。もう1つは，環境から愛情と信頼を向けられていないのにもかかわらず，当人は愛され信頼されていると受け取る場合です。いずれにせよ，当人の受け止めた環境の姿こそがその人に影響することになるでしょう。

　しかし，実際と受け止め方とがまったく逆になることはめったにないのですが，両者の間には多かれ少なかれズレがあるものです。そのズレが成長の妨げにならないように，むしろ成長の促進に導くような適切な助言が重要な機能を果たすことになります。

　本書の中では，いろいろなワークとよばれる作業を通して，自分に対する温かい敬愛のまなざしと信頼の言葉かけによって，心の安定と自己理解をガイドしたいと思います。

2）人と人との相互影響の姿を知る

　ある男児は，元気のよい女の子たちのグループに入ると受動的な行動をとりますが，おとなしい男の子のグループに入ると主張的になります。この場合，元気のよい女の子たちやおとなしい男の子たちはその男児にとって環境となります。彼は環境に応じて行動を変えているということになります。ところで，その男児が入ると元気のよい女の子たちはあれこれ気を配って何でもやってあげようとします。が，おとなしい男の子たちは彼がそばにいると彼の意見を待つ傾向があります。この場合，この男児は，元気のよい女の子たちにとってはやさしくしたい環境（対象）であり，おとなしい男子たちには頼れる環境（対象）ということになるでしょう。

　この関係を「刺激と反応（行動）」という言葉を使って表現すると，ある男児は女の子たちにとってはやさしい行動を起こす刺激であり，おとなしい男の子たちにとっては受動的行動を起こす刺激となります。ところで，女の子たちはその男児にとって受動的行動を起こす刺激となり，おとなしい男の子たちはその男児にとって主張的行動を起こす刺激と

いうことになります。結局のところ，人と人は互いに影響し合って関係を維持しているといえます。

図示すると，つぎのようになるでしょう。

ある男児　（S）──→　女の子たちの援助行動，男の子たちの受動的行動（R）
女の子たち（S）──→　男児の受動的行動（R）
男の子たち（S）──→　男児の主張的行動（R）

敬愛・信頼の相互作用について考えてみましょう。学生から敬愛と信頼の視線を受けて授業をする教師は，学生のそのようなまなざしに応えて真剣に熱心に授業をするでしょう。すると教師の真剣な指導を受けた学生はますます教師への敬愛と信頼のまなざしを強めることでしょう。こうして肯定的循環が始まります。

次に，否定的な相互作用を考えてみましょう。「最近の学生はやる気がない」と思い込んでいる教師は，学生に不満と不信の視線を向けるでしょう。するとその教師の授業を受ける学生は，教師の視線に応えて授業中に反抗的な態度を示すことでしょう。あるいは途中から退席するかもしれません。それに応えて教師はだめな学生だという信念とマイナスのまなざしを強めるでしょう。こうして否定的循環が継続し，拡大することもあるのです。

どうすれば否定的相互作用循環を断ち切って肯定的相互作用循環を促進することができるのでしょうか。相互作用循環の輪に介入して，輪のどこかに働きかけることができるでしょう。人は環境によって影響されますが，その環境は自分で，あるいは自分たちでつくっている部分が大きいように思えます。そして自分でつくった環境によって，また影響されることになりますから，結局は，自分で自分に影響していることになります。たとえば，学生から敬愛と信頼のまなざしがないように感じた教師が，それでも熱意をもってわかりやすい授業を続けたら，学生のまなざしが少しは肯定的なものになるでしょう。それを励みとしてさらに努力することで敬愛と信頼のまなざしを獲得するなら，授業は楽しくなり，学生も教師も肯定的相互作用循環を発展させる主体となることができるでしょう。

3）本書の理論的基盤

本書は，パーソナリティ心理学，社会心理学とカウンセリング心理学の諸理論から部分的な手がかりを得ていますが，主たるものとしてバンデューラ（Albert Bandura）の社会的認知理論，とくに認知・行動・環境3項間相互作用論と自己調整論を理論的基盤としています。自己調整理論は，人は過去の出来事を想起し，かつこれからの行動の結果を予見して行動し，自己評価によって行動と目標を主体的に調整するという考え方で，次頁の

序章　自己理解と成長　－オリエンテーションに代えて－

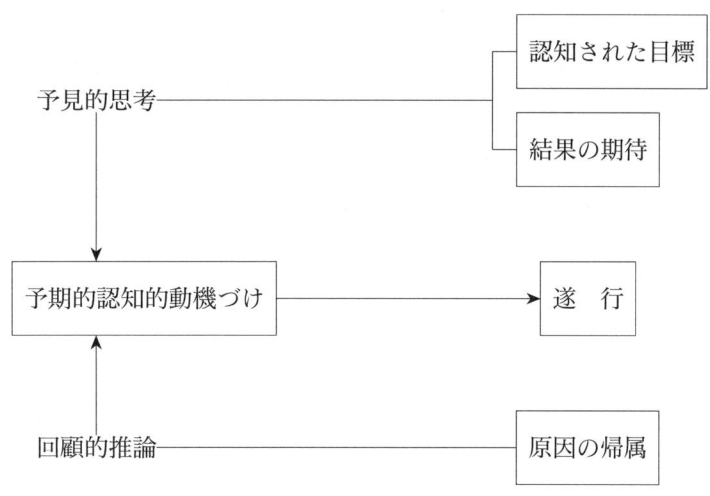

図　予期的認知的動機づけ（Bandura, 1990）

ように図式化されます。

　まず，行動の目標を立て（認知された目標），行動の結果としてどういう成果が得られるかを予想（結果の期待）します。これが予見的思考と呼ばれる認知的活動で，簡単に言えば，「ああしてみよう，するとどういう結果になるか」と考える心の働きのことです。それとともに，過去の同様の事態における失敗と成功の経験を想起し，その原因を考えます。これが回顧的推論と呼ばれる認知的活動です。このような予見的思考と回顧的推論の両面から，こうすればこうなるという予期的認知的動機づけが生まれ，それから実際の行動が実行（遂行）されます。いわば人は行動する前に，過去の失敗と成功の原因を推論し，これから行う目標の行動の結果を予見して，その上で，行動するという理解の枠組みです。あなたが好きな異性にアプローチする際の心の準備を考えてみれば，この図は自ずと理解できるでしょう。

引用文献

Bandura, A.1990 Self-efficacy and the exercise of personal control. Presented as an invited address. *Max Planck Institute for Human Development and Education.*

人と環境の結び目
－心は世界をどうとらえるかー

私たちは周囲の環境から影響されて生活しています。それとともに周囲の環境に影響して生活しています。人と環境との相互作用の窓口の1つが知覚という心の働きです。わたしたちが知覚する周囲の世界は，誰が見ても変わることのない，客観的に存在するものとして理解されているようですが，はたしてそうでしょうか。それとも知覚する私たちの側のそのときどきの心の状態や性格により，世界は異なる姿を見せるのでしょうか？　心と世界の結び目について考えて見ましょう。

1　変身ゲーム（目についた何かになってみる）

トライ1

　何か別のものの視点から周囲を把握する体験をしてみましょう。
　周囲を見回してください。窓の外には何が見えますか？　街路樹の先に隣の建物のレンガ模様が目にとまっていますか？　桜の葉と枝先が，それとも桜の幹の模様が目にとまりますか？
　部屋の中には何が見えますか？　掛時計や蛍光灯や天井の模様など，黒板とチョーク，黒板消し，それから手元に目を移すと，ペンやノート，足元に目を向けると靴のリボンと床の模様など。
　では，目に付いた何かになって，そのものの気持ちやそのものから見た周囲の情景を描写してみましょう。声に出して言ってみてもよいし，文章に書いてみてもよいでしょう。たとえば次のように。

1章　人と環境の結び目　−心は世界をどうとらえるか−

> わたしは，掛時計です。毎日毎日，学生たちが授業を聞いたり，居眠りしたり，隣の人とおしゃべりしているのを見ながら，休まず動いています。もう少しゆっくりペースになりたいなって思っていても，電波の指令がきて，遊ばせてくれないので，いつも正確に時を告げる仕事をし続けなくてはなりません。役に立つことに，もう疲れたよ。

さて，あなたは，何になって，そのものの気持ちと周囲をどう描写しますか？　やってみてください。

トライ2

では，書いた文を読み返してみましょう。そのものに変身して書いた文章ですが，じつはあなた自身の気持ちが出ている，自分の状況や気持ちが現れている，と思ったところに下線を引いてください。

たとえば，先ほどの例では，次のように下線が引かれました。

> わたしは，掛時計です。毎日毎日，学生たちが授業を聞いたり，居眠りしたり，隣の人とおしゃべりしているのを見ながら，<u>休まず動いています。もう少しゆっくりペース</u>になりたいなって思っていても，電波の指令がきて，遊ばせてくれないので，いつも正確に時を告げる仕事をし続けなくてはなりません。<u>役に立つことに，もう疲れたよ。</u>

トライ3

次に，もしもいくつか複数の所に下線が引かれた場合には，下線の中で一番自分の気持

ちが出ていると思えるものに二重下線を引いてください。
　とくに二重線に選ばれた言葉とそうでない言葉を比較して，どんなことがわかるでしょうか。
　先の例では，次のように二重線が引かれました。

> 　わたしは，掛時計です。毎日毎日，学生たちが授業を聞いたり，居眠りしたり，隣の人とおしゃべりしているのを見ながら，休まず動いています。もう少しゆっくりペースになりたいなって思っていても，電波の指令がきて，遊ばせてくれないので，いつも正確に時を告げる仕事をし続けなくてはなりません。役に立つことに，もう疲れたよ。

　この例では「ゆっくりペースになりたいな」が二重下線になりました。「もう疲れたよ」は一重の線のままでした。疲れきったというより，ゆっくりペースなら，まだまだやれるという気持ちでしょうか。もしも，これと反対に，「もう疲れたよ」が二重線だった場合，どんな違いがあると思いますか。
　では，あなたの書いた文ではどうでしょうか？　下線を引いた言葉の中で，とくに二重下線を引いた言葉について考えてみてください。あなたの気持ちがどのように表れているでしょうか。
　ところで，あなたが変身した対象は何でしたか？　それはどういう性質のものですか？　例では掛時計でした。忙しい人が忙しく動き続ける掛時計に目が留まったことに注目してください。あなたのどういう面がその対象と共通しているのでしょうか？

トライ4

　さて，この経験から，あなたはどんなことを考えたり，感じたりしましたか？　考えたことや感じたことについて，簡潔にメモしてください。

1章　人と環境の結び目　―心は世界をどうとらえるか―

体験報告

　なってみる体験の感想として，以下に引用するような経験が，学生たちから報告されました。

○何になろうか困った。時間をかけて周囲を見回し，消しゴムに目を向けて，消しゴムの気持ちと消しゴムから見た周囲を描写した。その後，自分の気持ちと重なる部分に下線を引く作業をしてみて，自分がいつもみんなの身近にいたい，必要とされ役に立ちたい，そう願っている私に気づいて，驚きの体験になりました。

○教室のドアになってみました。これまで寂しかったけど，春になって沢山の学生や先生方に会えてとてもうれしい，これから先，よい出会いになりますように，と書きました。そしてそれは私の気持ちだったのです。自分の気持ちが他のものに投影されていて，とても不思議な体験でした。ある物を通して自分の本当の気持ちが自然に出てくるという感じで，自分から意識して気持ちを表したという感覚とは違うので，自分のことを言いにくい人やもやもやした霧の中にいるような気分の人には，この方法がよいヒントになるだろうと思いました。私の場合，あらためて再認識した部分と心の奥で思っていたのかなと新しい発見の部分がありました。

○筆箱の気持ちになって書いた文章の中に『寂しい』『からっぽ』という言葉がたくさん出ていました。私は4月から1人暮らしをはじめ，同じように1人暮しを始めた友達が『寂しい』という中で，『わたしは，そうでもないよ』といってきました。けれどこのワークによって，日ごろの自分を思い返し，確かに寂しいと感じていたことに気づいて本当にびっくりしました。そして自分という存在に親しみを感じました。自分に1歩近づいた気がしました。昔から周りの人からよく相談されることはあったけれど，自分の気持ちを誰かに打ち明けることはあまりなかったので，これから自分にも耳を傾けてあげたいと思いました。

○始めのうちは何をしているのかわからなかった。説明を受けてもどこが自分の気持ちなのかわからなかった。でも次の週に読み返してみると，自分の気持ちがはっきり出ていることに気づいた。驚くとともに怖くなった。だから，自分の家で1人でやってみた。けれど今度は構えてしまって，素直に自分を表現できなかった。

解　説

　私たちが誰か他の人の気持ちを理解するということは，簡単なことではないようです。その人が実際にそういう気持ちであることと私たちが予想することとの間には大きなずれ（ギャップ）があります。そのギャップを起こす1つの要因が投射とよばれる心の働きです。投射という言葉は，知覚し理解する主体側の心の状態を知覚対象（客体）の側にかぶ

せる働きを指しています。そう見るからそのように見える，そう思うからそのように思えるという表現になるでしょうか。あなたと同じような体験をした人と体験の開示をしてみましょう。人それぞれに異なる世界の捉え方をしていることがわかるでしょう。

2　主人公の心を読む

トライ

次の文を読んでください。

> 　三郎はわが目を疑った。春江が川合と並んで歩いている。川合が春江の肩に手を当て，春江は川合に寄りかかるようにしている。二人の間には恋人同士の雰囲気が確かに流れ出ている。三郎は立ち止まって，二人が遠ざかっていくのをぼんやりと眺めていた。自分の目の前にある光景は夢の世界のことでなければならない。そうであったらどんなによいだろう。恋人が親友に奪われる，奪われてしまった，どういうことだ，信じられない，許せない，そうした思いが彼を圧倒し，傍にあったベンチに崩れるように座ったまま，呆然として時間だけが過ぎていった。思い当たることはなかった。
> 　しばらくして，三郎は立ちあがり，とぼとぼと歩きだした。周囲を人の群れが流れていく。冷たい風が木立を渡る音がしていた。三郎は立ち止まってコートに顔を埋めた。思い当たることがあった。

さて，この短い文をあなたはどう受け止めましたか？　主人公の心理をどう理解しましたか？　そして，登場人物（三郎，春江，川合）に対してどういう感情が起こりますか？　以下にあなたの感想をメモしてください。

1章　人と環境の結び目　—心は世界をどうとらえるか—

> **解　説**

　物語の登場人物たちの心情がよくわかるということは，どういう心の働きによるのでしょうか。「主人公がとぼとぼと歩き，立ち止まって，コートに顔を埋めた」という文章の理解は，「電車が動き，停止した」という文章の理解とは異なり，主人公（人間や動物）の心の動きの読み取りという読者の共感の心理が働いているように思います。共感は主人公という他者の心情をこちら側の心情に取り入れ，経験を共有する心理活動であると言えます。いわば他者の悲しみや怒りを，あたかもわが悲しみや怒りのように感じ取ることです。
　共感と似て非なるものに投射（投げ入れ）があります。これは主人公という他者の状況と心理状態の中に，こちら側の感情と思考をかぶせる心理活動であると理解することができます。いわば他者の悲しみや怒りの状況を利用して，自分の悲しみや怒りを体験することと言えます。
　共感と投射は裏腹の関係にあります。共感が他者の心情の理解を主眼にしているのに対して，投射は自分の心情に主眼が置かれていると言えるでしょう。

3　文章完成法に表れる自分

> **トライ1**

　次の文章の後を続けて書いてください。どういう文章が正解ということはありませんから，自由に連想を楽しみながらやってみてください。

①　人は誰でも＿＿＿＿＿＿＿＿＿＿＿＿＿＿＿＿＿＿＿＿＿＿＿＿＿＿＿＿＿＿＿

②　たいていの大人は＿＿＿＿＿＿＿＿＿＿＿＿＿＿＿＿＿＿＿＿＿＿＿＿＿＿＿

③　このごろの子どもは＿＿＿＿＿＿＿＿＿＿＿＿＿＿＿＿＿＿＿＿＿＿＿＿＿

④　多くの大学生は＿＿＿＿＿＿＿＿＿＿＿＿＿＿＿＿＿＿＿＿＿＿＿＿＿＿＿

⑤　男と女は＿＿＿＿＿＿＿＿＿＿＿＿＿＿＿＿＿＿＿＿＿＿＿＿＿＿＿＿＿＿

　なぜなら＿＿＿＿＿＿＿＿＿＿＿＿＿＿＿＿＿＿＿＿＿＿＿＿＿＿＿＿＿＿＿

トライ2

さて，あなたが書いた文を点検してみましょう。全体として，どういう言葉が並んでいるでしょうか。あなたの言葉の性質について，次の分類をしてみましょう。ＡＢＣのどれが多いでしょうか？

　　A　否定的表現（批判的な突き放した冷たい見方）
　　B　肯定的表現（温かな親しみのある見方）
　　C　中性的表現（否定でも肯定でもない見方）

体験報告

○僕の場合，「人は誰でも自分が一番かわいい」「たいていの大人は自分勝手だ」「このごろの子どもはみんなわがままで困る」「多くの学生は遊ぶために大学にいる」「男と女は所詮は理解できない」「なぜなら欲望が対立するから」と書いた。全体を見ると，否定的なことばかりで，ずいぶんと勝手なことを言っているな，と思った。

○なんだかつまらない気分になった。自分の見方が杓子定規というか，ワンパターンで，狭いなと思う。

○「人は誰でも邪心を持っている」と書いたところで，「人は」に代えて「自分は」と読み替えてみたら，『自分の中には邪心がある』と気が付いて，思い当たることがあった。罪の気持ちと，でもそのことを気にしている純粋な面もある自分を許せる気持ちが起こった。

○「大概の大人は自分勝手だ」と書いたけれど，これは最近，わたしがバイト先の店長について強く感じたことで，わたしたちの世代は大人のわがままに振り回されている。でも，まてよ，それも一般化のし過ぎになるのかな？　わたしと店長とのあのときの場合であって。

○「多くの大学生は遊び人だ」と書いたけれど，俺の周りの学生はみんな遊んでばかりだ。俺は違う。自分が周りと違うからそう思うのだ。遊びたい気持ちが自分にあるわけではない。でも，どうして遊んでいる連中が気になるのかって聞かれたら，俺も遊びたいのか？

○「男と女は理解できない」と書いた。本当にそうだよ。僕は彼女の気持ちがわからないし，彼女もそうだ。全部の男と女がそうとはいえないだろうけど，大概は理解できていないような気がする。

○なぜなら女は男のようにわがままな生き物ではないし，セックスに支配されていない，と思う。これは，否定的でなく事実だと思う。多分わたしだけの考えではないはずだけど。

1章 人と環境の結び目 —心は世界をどうとらえるか—

> 解 説

　さて，あなたの場合はどうでしょうか？　あなたが普段から否定的にものごとを捉える傾向があると，否定的表現の文章になりがちです。

　次に，言葉の内容をみましょうか。あなた自身の見方や考え方が，あなたの書いた言葉に表れているところはありませんか？　あなたの立場や気持ちを映していると感じる部分を○で囲んでみてください。私たちは自分の気持ちを一般化して表現する傾向があるようです。多分，一般化の影に隠れている方が安全なのかもしれません。

　最後に，あなたの見方は一般化しすぎていないかどうか，考えてみてください。人はうそつきだということを書いた場合，うそをつくときもあるけれど，正直すぎることもあるのではないでしょうか？

　もしも，あなたが性急な一般化をする傾向があるとしたら，例外探しを試みて，その場その時で異なる面に注意を向けるように心がけてみましょう。

　さて，このワークはあなたにとってどういう経験になったでしょうか？

4　反転する"見え"の世界

> トライ1

　これから提示される図をごらんください。何が見えますか？　ごく自然に見えるものが何か，見ていて見え方が変化した場合は，どう変化したか，見え方の変化に注目してください。

反転図形1：燭台と顔
（Rubin, 1921）

　まず，燭台と顔，あるいはルビンの壺とも言われる図をみてみましょう。左の図は何に見えますか？　燭台が見えますか？　では顔は見えませんか？

　燭台と顔を同時に見ることはできますか？　どちらか一方が見えるときは他方は見えませんね。それゆえ，反転図形といいます。

　どうしたら見え方が反転するでしょうか？　注目点を左右の中央におくと燭台が見え，左右どちらかにずらすと，顔になるでしょう。試してみてください。

> トライ2

　次の図には何が見えていますか？　階段ですね。登れる階段でしょうか？

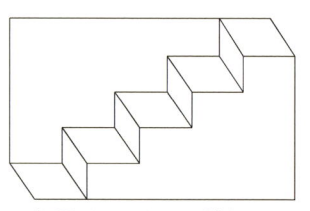

反転図形2：上れる階段と
上れない階段
　　（Schroeder, 1858）

　それとも逆さまの登れない階段が見えませんか？　登れる階段だけが見えていて登れない階段は見えない人も少なくないはずですが，目を細めて視界を曇らせたり，目をそらせて見たりしている間に，突然，登れない階段が現れるかもしれません。下の（多分手前に見ている）羽目板の部分を手か何かで覆ってみるのもよいでしょう。
　一方が見えているときは他方は見えない，2つが同時に見えることはないので，反転図形あるいは交替図形と呼ばれます。周りの人と相談して，登れる階段が見えるときと登れない階段が見えるとき，どこに視線を向けているか話し合ってください。

反転図形3：
若い婦人と魔法使い
　　（Hill, 1930）

トライ3

　左の図は何が見えますか？　若い婦人が見えますか？　それとも魔法使いが見えますか？　図の上の方に目線を移動すると，何が見えますか？　下方に目線を移動すると何が見えますか？
　なかなか見え方が変わらない人は，図の部分を手で覆ってみてください。すると突然，見え方が変わることがありますから。

解　説

　なかなか見え方が変化しない人も多いと思います。そういう人は，よく言えば心変わりが起きにくい人，悪く言えば頭の固い人といえるでしょうか。では，すぐに見え方が変わる人はどういう人でしょうか？　もしかして，気の多い人，移り気な人，よく言えば柔軟性のある人ということでしょうか。
　わたしたちが知覚する周囲の世界は，誰が見ても変わることのない，客観的に存在するものとして理解されているようですが，はたしてそうでしょうか。それとも知覚する側のそのときどきの心の状態や性格により，知覚世界は異なっているのでしょうか？　世界が実際にそのようだからそう見える面と，そのように見ようとするからそう見えるという部分がありそうですね。
　人は外界をどう知覚するか，知覚された世界は誰にも同じようなもので一定不変であるのか，それとも知覚する人の側の条件によって大きく異なるものなのか，このような問いは古くから哲学や心理学の大きな課題であったことが感得されたことでしょう。
　世界は，現実にそのようにそこにあるから，そう知覚されるのでしょうか，それともこ

ちら側がそのように知覚する傾向があるから，世界はそういう姿を表しているのでしょうか。この問いは有史以来の哲学（philosophy）のテーマでもあります。哲学は，知（Sophia）を愛する（philo）という語義を持っています。知ることを大切にすることは自己理解のヒントを得る道でもあるでしょう。

　一言で言えば，わたしたちは自分の関心ごとを選んで世界を知覚しているということになります。結局のところ，人は自分の枠から出ることはできないということにもなるでしょうか？　どこまでいっても自分は自分，隣人を愛するには自分を愛することを重ねることであるということにもなるでしょうか？

2章 他者の目，自分の目
－自分はどういう人間か－

ある学生が次のように自分について語りました。「『自分はどういう人間だろうか』と考えたとき，人からどう見られているかによって自分を自覚することがあります。『気の弱い奴だ』といわれる，『やさしい人ね』とも言われます。けれど，自分では気の強いところがあり，冷たいところがあると思って，それゆえ自分を戒めて強気や冷淡なことを出さないようにしているのです。」

このように，私たちが自分がどういう人間かを考えるとき，他者の目に映った自分の姿と自分で思う自分の姿との両面，つまり外側からの見方と内側の見方が巧みに織り込まれています。

1　20の扉（"Who am I ?" テスト）

トライ

あなたは誰でしょう？と質問されたら，どう答えるでしょうか。この質問に答えるため「私は誰，どういう人？」と自分に問いかけてみてください。

回答欄の1から20番までに，思いつくことから順に書き込んでください。

書き出しは自由です。「私は…」や「私のことを…」や「友達は私に…」などの形式で自分のことを表現してください。自由に思いつくままに書いてください。実施に要する時間は，およそ10分〜15分程度を予定してください。

2章 他者の目，自分の目 —自分はどういう人間か—

20の扉（私は誰，どういう人？）回答欄

1）	11）
2）	12）
3）	13）
4）	14）
5）	15）
6）	16）
7）	17）
8）	18）
9）	19）
10）	20）

　ここでは多数の人の体験を紹介するスペースがないので，ある１人の学生の回答を紹介して，次の結果の見方に繋ぐことにしましょう。

ある学生の場合

1）男	11）目が細い
2）学生	12）好きな子にはもてない
3）のんきもの	13）統計は嫌い
4）田舎生まれ	14）ドイツ語好き
5）女にもてる	15）カレー大好き
6）風邪をひいている	16）ほどほど
7）単位がほしい	17）４月１日生まれ
8）合わせる	18）気が多い
9）ラーメン好き	19）デジタル人間
10）背がほしい	20）21歳

結果の見方

内容理解：まず，自分で書いたものを丁寧に見返してください。どういうことが書かれたか，記述の内容をよく吟味することが自己理解のための第１のヒントになるでしょう。
　繰り返し書かれたことはどんなことでしたか？　繰り返し出てくる似た内容は，その人の心がそのことによって占有されていることを示唆しています。
　上の例では，「女の子にもてる」「好きな子にはもてない」「気が多い」という異性関係の記述が３回出てきますね。この男子学生にとって関心の強いことは異性関係であり，と

くに「好きな子にはもてない」ことが鍵になるように思います。また，「目が細い」「背がほしい」という身体的不満が出てきました。さらにまた「単位がほしい」「統計は嫌い」「ドイツ語好き」など，学生生活も関心のある領域になっているようですね。

第一分類：書かれた内容をグループに分けて，どういう内容が多いかを見ることも自己理解に役立つでしょう。いろいろな分類の方法がありますが，ここでは筆者が用いている分類を紹介します。

20個の回答を次の9区分に分けてみましょう。どのカテゴリーに入れるのがよいか，迷うこともあるでしょうが，自分にとっての意味によってグループに分けてみましょう。

1）社会的区分：男，学生，地方出身など
2）個人的社会関係：4月1日生，野球部，仲良し3人組など
3）他者の評価の目：まじめといわれる，嫌われ者
4）身体特徴：背が低い，高齢など
5）趣味や関心事：猫好き，切手収集，楽天ファンなど
6）能力・技能：ラーメン早食い，英検2級など
7）性格特徴：のんきもの，ものぐさ，陽気，心配性など
8）願望：単位がほしい，好きな子にもてないなど
9）その他：風邪をひいている，これからバイトにいくなど

第二分類：書かれたことが本人にとって好ましいことであるかどうかをみていきましょう。次の3区分に分けてみましょう。

A）肯定的（positive）：まじめ，陽気など
B）中性的（neutral）：男，日本人，学生，21歳など
C）否定的（negative）：ものぐさ，陰気，もてないなど

もしも分けにくい項目があったときは，それが自分にとって，どういう意味合いがあるかを考えて判断してください。たとえば，21歳というのは一般には中性的な事実と考えることができますが，本人としては，21歳になってしまった，嫌だなと感じているなら，否定的範疇に含めてよいでしょう。まだまだこれからだという希望や抱負で21歳を考えているなら肯定的に含めてよいでしょう。

体験報告

20の扉を経験した学生たちの感想の中から，特徴的なものを以下に挙げてみましょう。
○最初に自分の名前や出身地などを一通り書いて，書くことがなくなると自分の欠点や嫌いなことが浮かんできた。そして気分が落ち込んでしまった。どうしてなのかなと考え

2章 他者の目，自分の目 —自分はどういう人間か—

て，1つには大勢のいる中では自分の気持ちを率直に書きにくかった，照れくさかったということもあり，また入学して間もなくで友達も出来ていなかったし，疲れ気味のときだったからだと思う。

○20も書くのは苦痛だったけど，いくつか書くとそれがきっかけになっていろいろ思いついた。家でじっくりやってみて，自分のことを考えることができた。

○はじめは何を書いてよいかわからなくて，20個も書くのは無理だと思ったけど，だんだんと楽に思いつくようになった。

○見直すと，最初の方は「女だ」とか「髪が赤い」など外から見えることが多く，後からは「寂しがり」とか「気弱」など自分にしかわからない個人的で内面的なことが出てきている。自分の内面は後からというのは私らしいと納得。

○人の目を気にしている自分がよくわかった。なぜなら，人からこう言われるということをたくさん書いていて，見直して，もっと自分は自分という考えを持ちたいと思った。

解説

これは "Who am I ?" test, "Who are you ?" test, あるいは20答法などと呼ばれる心理アセスメント（心理査定）の道具の1つです。自分がどういう人かについて，20個の表記をして，その全体から自分の心的傾向を理解することが目的です。本書では20の記述について，2通りの分類をします。

第一分類では，9区分の前半は社会的観点，後半は個人的心理的観点といえるでしょう。さて，20個の回答のうち，はじめの方と後の方ではどんな相違があるでしょうか。初めのうちは社会的な観点が多く出て，後から心理的観点が出てくる人，いわば社会的観点主導の人も，その逆に心理的観点主導の人もいます。

第二分類では，自分に関する記述項目を自分の中でどう評価するかという主観的評価が目的です。ある人は多くの項目で否定的なものと判断しますが，他の人はその逆に多くを肯定的なものと考え，またある人は中性的なものと判断します。

さて，あなたの場合は，肯定，中性，否定の割合はどの程度でしょうか。どの範疇が多くなりましたか？　否定的な内容が多く書かれた場合は自分について否定的にみていることが多くないかどうか，高い理想を持っているために自分に厳しくなっていないか，考えてみるとよいでしょう。

また，否定的範疇に入ったものがどうなれば肯定的なものになるのか，この記述を言い換えるとしたらどういう表現になるのかなど，見直す機会にもなるでしょう。

2　ジョハリの窓

　あなたのことをよく知っているのは誰でしょうか。あなたの名前はあなた自身はもちろん，周囲の人たちも知っていますね。名前は自他共に認めることですから。しかし，あなたがいつ1人の理想のパートナーと出会うことができるか，それは，周囲の人はもちろん，あなた自身でさえわからないかもしれません。では，あなたのいろいろな側面について，あなたは知っているけれど，周囲の人は知らないという場合はどうでしょうか？　そういうこともいろいろとあるのではないでしょうか。また，あなたは知らないのに，周りの人は知っていることもあるかもしれません。

　あなたのいろいろな面を誰が知っているかということを考えてみましょう。あなたのことで自分と他人の知っている・知っていないを分けると，次の4つの領域が区別できます。

　　A：あなた自身も，周りの人も知っていること
　　B：あなた自身は知らないが，周りの人は知っていること
　　C：あなた自身は知っているが，周りの人は知らないこと
　　D：あなた自身も，周りの人も知らないこと

あなたのことを	自分が知っている	自分が知らない
他の人が知っている	A：開　放	B：盲　点
他の人が知らない	C：隠　蔽	D：未　知

トライ1

　以下の事柄について，あなたのことをあなた自身が知っている・知らない，親や家族のものが知っている・知らないを組み合わせて4つの領域に分け，その番号を枠に入れてください。

事柄
1）あなたが密かに愛している意中の異性
2）友達のあなたに対する悪口
3）あなたが友達とよく行く飲食店
4）将来どういう人と出会って結婚するか
5）あなたの寝言
6）赤ん坊の頃の病歴

2章 他者の目，自分の目 —自分はどういう人間か—

7) 酒の席の得意な持ち歌
8) 先生や先輩との関係
9) あなたの嘘やごまかし
10) 小学校時代の成績
11) 背中のほくろ
12) あなたの無意識的願望
13) あなたの初恋の相手
14) いつ，どのように死ぬか
15) あなたの銀行預金の総額

あなたのことを	自分が知っている	自分が知らない
家族が知っている	A：	B：
家族が知らない	C：	D：

トライ2

同じ項目で，今度は周囲の人を友人にして，次の窓枠にその番号を書き入れてください。そして家族の場合とどう異なるか考えてみてください。

あなたのことを	自分が知っている	自分が知らない
友人が知っている	A：	B：
友人が知らない	C：	D：

体験報告

このワークに参加した多くの人の体験を集める代わりに，ある1人の学生の結果を以下に紹介します。

この学生は下のような結果になったことは驚きであったようです。まず自分が知らないことで家族も友人も知らないこと，つまり未知の事柄が実にたくさんあることに驚いていました。未知なることがあることは，むしろ生きる楽しみにもなるとも受け止めていました。次に，自分が知らずに友人が知っていることは悪口で，だからこそ気持ち悪いこと，子どもの頃のことは家族が知っているけれど，成長してからは家族が知らないことが思っ

たよりたくさんあることを自覚したようでした。

あなたのことを	自分が知っている	自分が知らない
家族が知っている	A：10,15	B：6,11
友人が知っている	3,7,8	2
家族が知らない	C：1,3,7,8,9,13	D：2,4,5,12,14
友人が知らない	1,9,10,13,15	4,5,6,11,12,14

トライ3

さて，この章では20の扉とジョハリの窓を体験してみました。この章の体験によって，あなたが感じたこと，考えたことを，下の枠に書き込んでおいてください。

解説

ジョハリの窓（Johari's window）は，ジョセフ・ルフトとハリー・インガム（Josef Luft & Harry Ingham）によって，開放，盲点，隠蔽，未知の領域を分ける窓として提案されたもので，2（知っている，知らない）×2（自分，他人）の4つの窓が区別されます。開放は自分も他人も知っていること，盲点は周囲は知っているのに自分が知らないこと，隠蔽は自分だけ知っていて周囲の人には知られていないこと，未知は自分も周囲も知らないことを指しています。

さて，あなたの結果はどうでしたか？　その結果についてどう思いますか？　自分が知っているけれど家族や友人が知らないこと（隠蔽）は，とくに隠し立てしていなくても，大人になればたくさんあるものですね。また，自分が知らないことは家族も友人も知らないということ（未知）が多いのも当然かもしれません。しかし，周りの誰かが知っていることを自分は知らないという事柄（盲点）は落ち着かない気持ちにされることで，これが

2章 他者の目，自分の目 −自分はどういう人間か−

意外にたくさんあるとしたら，不安になるでしょう。

　事柄をこの他にもいろいろ挙げて，たとえば落とした科目と履修した単位数，仕事上の失敗，あなたの身分証明証の番号，自家用車の登録番号，預金口座番号など，それらを4つの窓枠に分類してみると，自分が知っていることを広げること，周囲に秘匿することの意味，さらには周囲に知ってもらうことに大切な意味があることが実感できるでしょう。

参考文献
松原達哉（1999）『自分発見「20の私」』東京図書

3章 否定的な心の枠組み
－気持ちが変わる経験－

私たちは何らかの構え，態度といった枠組みを持って物事を知覚し認識しています。たとえば学校の勉強こそが人間を評価する第一のものという成績中心の枠組みを持っている人は，成績のよくない人を軽蔑するという狭い見方に陥るでしょう。同様に，幼少期からの不幸な経験が重なって物事を否定的に見る認知の枠組みが出来上がってしまうと，何かにつけて否定的に物事を受け止める傾向が強まり，世界と自分に対するその人のかかわり方が制約され，結果的にその人の潜在的な力を活かすことができない人生になっていくことがあるようです。そのような人がカウンセリングを受けて自分を縛っている否定的な構えに気づくことは，人生設計に大きな意味を持つことになります。

まずは，否定的認知に気づくことから，私たちを拘束している否定的認知の壁に取り組むことにしましょう。

1 「しか」と「なら」の言い換えゲーム

トライ1

「しか」という言葉を普段何気なく使っていることがありませんか？
たとえば，次のように。
・僕は1000円しか持っていない。
・持ち歌は2つしかない。
・俺たちは準々決勝までしか出られなかった。
では，「しか」を使った文章を，思いつくままに，5つ作ってみましょう。

3章　否定的な心の枠組み　−気持ちが変わる経験−

> 1.
>
> 2.
>
> 3.
>
> 4.
>
> 5.

▶ トライ2

次に,「しか」を「なら」か「には」に書き換えてみましょう。次のように。
- 「1000円しか持っていない」は「1000円なら持っている」に,
- 「わたしの持ち歌は2つしかない」は「2つなら,ある」に,
- 「75点しかとれなかった」は「75点ならとれた」に,
- 「準々決勝にしか出られなかった」は「準々決勝には出られた」に,

言い換えができることになります。

あなたが書いた, 上の5つの「しか」を「なら」または「には」に書き換えてみてください。

> 1.
>
> 2.
>
> 3.
>
> 4.
>
> 5.

すると, どんな気持ちになりましたか？　以下にメモしておきましょう。

体験報告

「しか」から「なら」へ，書き換えてみて，次のような感想がありました。
○「春（前期）に欠席しすぎて，10単位しかとれなかった。秋に8つしか授業をとれなかったから，やばい」を「1年で26単位ならとれる」と書き直して，やれそうな気になった。バイトを減らそうと思う。
○「彼は忙しくてたまにしか会ってくれない」と書いたけど，「週に1回なら会える」と修正したら，笑顔で会えそうな気になった。会っても不満ばかり言っていた自分を反省しました。
○「部員を10人しか集められなかったのは，俺たち新2年がしっかり勧誘しなかったせいだ」と書いて反省した。でも「10人までは集められた」と書き直して，ホッとしたけど，でも少ないことに変わりがない。

解 説

　心の状態に応じて言葉は選ばれ，発せられます。否定的な考えや気分になっているとき，私たちは「しかできない」という表現をします。ところが，肯定的な考えや気分になると「ならできる」という言葉になります。「しか」は「できない」と結合し，「なら」や「までは」や「には」は「できる」と結びついて用いられます。「予選まではうまくできた」「準決勝にはでられた」というように。

　そして言葉と感情は結びついていますから，言い換えによって「できない」という言葉を使っていたときの暗い否定的な気分が，「できる」を使うと，明るい前向きな心へと動き出します。「できる」という自己可能性の認識と感覚，つまり自己効力感（sense of self-efficacy）が強まると，人は前向きな気持ちになるようです。

　自己効力感は，スタンフォード大学のアルバート・バンデューラによって，自分にはできるという可能性の感覚を重視して提案された心理学の概念で，自己効力感が高い水準まで，かつ広い範囲で，十分に強くなると，人は主体的能動的に行動を起こすことができ，結果的に以前よりも力を発揮できることが検証されています。

　先ほどの例で言えば，お金がないことで落ち込んだ気分でいると「僕は1000円しか持っ

ていない」という言葉を選んで使うでしょうが,「僕は1000円なら持っている」と言い換えると,「そうだ,これで何とかしてみよう」という積極的な気持ちになるでしょう。「わたしの持ち歌は2つしかない」という表現は,「だから歌わない」という消極的回避的行動を導くでしょうが,「2つなら,ある」と思えば,「よし,これでなんとかなる,やってみよう」という積極的な見通しによって行動することができるでしょう。同様に,「75点しかとれない」という否定的認識は,「わたしは75点ならとれる」という肯定的視点によって,「次は80点がとれるように頑張ろう」という努力に導くでしょう。さて,あなたはどうでしたか？

　幼い頃に親から「しか」という表現で叱られて,いつの間にか自分自身でも「しか」を心の中に飼ってしまっているのではないでしょうか。これからは,「鹿は奈良の庭に棲んでいる」という言葉で言い換えをしてみたいものです。

2　「できない」と「しない」の言い換え

トライ1

　私たちは普段,あまり考えずに「できない」という言葉を使うことがかなり頻繁にあると思いませんか。たとえば次のように。
- 嘘をつくことはできない。
- 緊張してしまって,プロポーズできない。
- バイトが忙しくなって,勉強に集中することができない。
- 学生の態度の悪さが気になって,教えることに集中できない。

では,「できない」という言葉を使った文章を5つ作ってみましょう。

1.

2.

3.

4.

5.

さて,「できない」ことを書いた今,どんな気持ちがわいてきていますか。自分に対して,どんな考えや感情が浮かんでいますか？

あなたの今の気持ちをメモしてください。

[　　　　　　　　　　　　　　　　　　　　　　　　　　　　　　　　　　]

トライ2

次にあなたの書いた文章の「…できない」という個所を「…しない」または「しようとしない」に置き換えてください。

1.
2.
3.
4.
5.

さて,「できない」を「しない」や「しようとしない」に置き換えてみて,今,どんな気持ちがわいてきていますか。メモしてください。

[　　　　　　　　　　　　　　　　　　　　　　　　　　　　　　　　　　]

3章　否定的な心の枠組み　−気持ちが変わる経験−

体験報告

「できない」と「しない」の相違

　このワークによって，ほとんどの学生に「できない」と思い込んでいたことが実は「しない」だけだったという認知変容が起こりました。

○「私は徹夜ができない」を「私は徹夜をしない」に代えてみると，『ああ，自分でしないことに決めている』と気がついて困った気持ちがした。

○「できない」と書いて「しない」と言いかえると，元気がでて，これからその気になってやってやるぞという積極的な気持ちになった。

○言葉というのはとても不思議な力を持っているということが，この授業を通して，よくわかりました。言葉を言い換えるということは，物事のマイナスに考えている部分をプラスに考えることに通じていると思いました。そして前向きの気持ちになりました。

○「できない」というと甘えたい気分があったけど，ところが「しない」と言い換えると，背中をまっすぐにするような気持ちの変化，甘えていられないなという厳しい目が自分の中に生まれたような，そういう変化がありました。

解　説

　ある課題に取り組み成功裏に達成することができると，次にも「わたしにはできる」という可能性の予感（プラスの自己効力感）を持つことができて，積極的に取り組むことができます。そして積極的に取り組みますから，実際に成功裏に達成することができるでしょう。結果として，できるという予感は実証されたことになります。

　ところが，ある課題の達成に失敗することが重なると，次にも「わたしにはできないだろう」という不可能性の予感（マイナスの自己効力感），あるいは自己効力の低下が生じて，そのために消極的に取り組みますから，実際に失敗してしまって，結果としてできないという負の予感は実証されることになります。

　重要なのはその後のことです。ある課題に対してマイナスの可能感を持った人は，同様の課題には回避的になりがちです。つまり，そういう「できない」課題は「しない」ことが重なり，結果的にますます苦手になり，ついには，その気になればできるようなことでも，しようとしないという習慣が生まれます。できないからしない，しないからできないの相互影響の循環によって，能動的主導的取り組みの領域を自ら狭めてしまうのです。

　さて，「わたしは…ができない」いう表現で5つ文章を完成して，どのような心理状態を経験したでしょうか。自分が小さくなって，助けてもらいたい気持ちになったのではありませんか？

　次に，「私は…をしない」に置き換えてみると，置き換えによってどんな心の動きが起

こったでしょうか。

　受身から能動へ，依存から自立へという，能動的主導的取り組みの領域を広げることが，自己理解と成長への道につながっているといえるでしょう。

　「できない」と言っていると自分の意志ではないような気分になるけれど，それを「しない」や「しようとしない」に置き換えてみると，結局は自分でしようとしていないのだ，自分のせいだと自分を責めたい気持ちが浮かび，また自分のせいだから，やってみればいいのだ，という前向きの考えが浮かんだのではありませんか。そうした気持ちの変化について，周りの人と話し合ってみてください。

3　一人称と三人称の相違

トライ1

　私たちは，会話や文章の中で，しばしば「人間というものは…」とか「大概の人間は…」などと，一般的な三人称を使った言い方をすることがあります。たとえば，「人は誰も愛を求めている」というように。

　「人は誰も…」や「人は…」で始まる文章を，思いつくままに，5つ書いてみましょう。

1.
2.
3.
4.
5.

トライ2

　「人は…」や「人は誰も…」の三人称の部分を「私は…」という一人称の表現に書き換えてください。少し，あるいはかなり抵抗感があるかもしれませんが，試みにやってみてください。

3章 否定的な心の枠組み －気持ちが変わる経験－

⎛ 1.

　 2.

　 3.

　 4.

　 5.   ⎞

さて、「人は…」や「人は誰も…」の三人称の部分を「私は…」という一人称に置き換えた文章を、1つひとつ、ていねいに黙読してください。すると、今、どんな考えや感情がわいてきていますか。以下にメモしてください。

⎛   ⎞

▶ 体験報告

次のような経験が報告されています。
○「人間はみんな自分勝手で他人のことには無関心」と書いたので、「私は自分勝手で他人のことには無関心」と書き、辛かった。けれど、「そう、それはわたしです」という気持ちも、確かに。
○自分を棚上げにして他人のことを言う連中が多いから、そう書いた。自分がそうだとは思わないし、思いたくない。いやあな気分だ。
○ルール違反かもしれないけど、「男はみんな狼よ」と書いたので、「私は」にできなかった。それで「彼は狼よ」と修正しました。そうしたら、彼だけは違うと思おうとしている自分に気がつきました。
○「人は誰も必ず死ぬ」と書いたから、自分は必ず死ぬと直して、「そうだよ、あたりまえジャンか」と居直ったけど、胸に重いものと感じた。一生懸命に生きることが必要な感じ。

解説

　自己に対面して自分の考えや感情を率直に認めることを避ける人がいます。また避けることがあります。避けたいときがあります。そういうとき，自分に注意を向けずに済ます姿勢，態度が「人は誰も…」や「人は…」という表現を選ぶことになります。自分を隠すための隠れ蓑の1つが三人称の表現であるといえるでしょう。

　人は認めたくない自分の中の考えや感情を抑圧し，何かの機会に自分の外の対象に投射することがあります。自分ではなく，他の人あるいはものがそういう考えや気持ちを持っているとみなす心の働きは投射と言われる，フロイトのいう自我防衛機制の1つです。

　さて，「人は…」や「人は誰も…」いう表現で5つ文章を完成して，次に「わたしは…」という一人称に置き換えたとき，どのような心理状態を経験したでしょうか。受身から能動へ，依存から自立へという，能動的主導的取り組みの領域を広げることができたでしょうか？　それとも，ただ嫌な気分がわいただけでしょうか？

　ここで大切なことは，隠れ蓑を自ら取り外す勇気です。一人称で自己を語る習慣と態度，自己責任で自己を表現する技術は，自覚的に生きる大人の条件であるといえるでしょう。

　本当の自分の気持ちを直視すること，そしてそれを隠さずに認め言葉で表現することは，多くの人にとって気の重い仕事かもしれません。しかし，自分の気持ちを一般化した表現の下に隠すことが習慣化すると，本当の気持ちはいつも曖昧にされ，鬱積し，いつか突然に意外な表現として現れ，それまでの隠蔽努力が水泡に帰してしまうことにもなるようです。あなたの気づきをメモしたり，他の人に話してみることによって確かなものにするよう勧めます。

4　汝自らを知れ

　本書の「はじめに」でも述べられているように，野の花を愛で，空の星を数えることは私たちが普段ごく自然にやっていることで，だから花の名や星座の名をよく知っている人が多いと思います。それに比べて，わたしたちは自分のことはあまりよく知っていないように思います。

　「汝自らを知れ」は，ギリシャのアポロン神殿の玄関の柱に刻まれていたとされる言葉で，古くは自分の身をわきまえよという処世訓として，ソクラテスによっては自分の無知の自覚に立つ真の知識を求める姿勢として意義づけられました。しかし，最近は，自分を知ることが困難であり，しかも非常に大切なことであるという認識の下で，自分の壁に気づく大切さを指摘した言葉として意義づけることができるでしょう。

4章 原因についての楽観的・悲観的な考え方

ものごとをすべてよい方に考える人がいます。反対にすべて悪い方に考える人もいます。楽観的・悲観的考え方の傾向について2つの面から考えてみましょう。1つは過去の出来事の原因を考える際の，もう1つはこれからの事態を予想する際の楽観・悲観の傾向です。一般に，楽観的な人と悲観的な傾向の人をくらべると，楽観的な人は実際に物事を積極的に取り組み，その結果，成功裏に目標を達成することができ，ストレスに対する耐性も強いと考えられています。

1 原因を推測する

　ある結果が生じたとき，なぜそうなったか，その原因についての考え方を原因帰属といいます。たとえばパチンコで大損をしても「今日は運がついてなかった」「ちょっと調子が出なかっただけ」「たまには負けても，平均すると勝っている」などと言う人です。そういう楽観的に原因を考える人は，懲りずに再挑戦するでしょう。その結果として，技能を伸ばすこともあり，泥沼に陥る危険もあるでしょう。大学入試や会社の採用試験でも同じように楽観的な考え方をする人がいます。「試験問題が偏っていたから不利だった」，そう考える人は「他の会社もあるし，また挑戦すればいい」と考えて行動できる人でしょう。
　そうかと思うと結果が少しでもよくないと，すぐに悲観して，「もう人生は終わりだ」などと悲嘆にくれる人がいます。悲観的な人は何かうまくいかないことがあると，その原因として自分の能力や努力が足りなかったと考える傾向があります。とくに，努力は自分なりにさらに頑張ることでよい結果をもたらせると期待できるでしょうが，能力とくに生まれながらの能力によると考えると，マイナスの結果をどうすることもできない気がするでしょう。ところで，もしもよい結果になったらどうでしょうか。その場合には，たとえ

ば期末試験でよい成績がとれると問題がやさしかったと考えるように，自分の外のことに原因を求める傾向があります。

　原因の帰属について楽観的に考えるか悲観的に考えるか，実際には個々の事柄と状況がどうかにより，いろいろに変わりますが，ある程度一貫した個人の傾向ということもあるようです。ある人はいろいろな場合に一貫して楽観的でまたある人はその反対の特徴がある，というように。非常に楽観的な人から非常に悲観的な人までの間に，どちらもほどほどの人を挟んで，楽観性－悲観性のいろいろな程度があります。

2　推測ゲーム

トライ

次のような場面を想像して，その原因を推測してみましょう。

(1)　A君は好きな人にメールで気持ちを伝えたのですが，その人から返事が来ません。どうしたことでしょうか？　あなたがA君だったら，どう考えるでしょうか。
　①いきなりメールをしたから嫌われたのだ。
　②プロバイダーの事情でメールが着かなかったのだ。
　③多分，忙しくて返事ができないのだ。

あなたの答え
　判断の傾向として，
　　①の答え：自分に非があったと考える悲観的な判断（ c ）。
　　②の答え：マイナスの出来事の原因を偶然のせいにする判断（ b ）。
　　③の答え：他の人にマイナスの出来事の原因があると考える判断（ a ）。
といえるでしょう。

(2)　Bさんは，地元の小学校の教員採用試験に合格して，先生に採用されました。どうして合格したのでしょうか？　合格の原因について，あなたはどのように考えますか。
　①運がよかったから。
　②本人の実力が発揮できたから。
　③周りの理解があったから。

あなたの答え
　判断の傾向として，

4章 原因についての楽観的・悲観的な考え方

　　①の答え：よいことの原因を偶然のせいにする判断（e）。
　　②の答え：成功の原因を本人の力に求める判断（f）。
　　③の答え：自分以外に成功の原因があるとする判断（d）。
といえるでしょう。

解説

　さて，2つの場合について，合わせて考えてみましょう。(1)の場合はマイナスの出来事，(2)の場合はプラスの出来事です。マイナスの出来事の原因を自分のせいにし，プラスの出来事の原因を自分の外に求める傾向がある人を悲観的な傾向の人と言います。その反対に，マイナスの出来事の原因を自分以外に，プラスの出来事の原因を自分に求める傾向がある人が楽観的な傾向の人と言われます。このような出来事の性質による原因判断の相違を楽観，悲観のタイプに分けると次の表のようになります。

　なお，自分の原因としては，能力という比較的安定的な原因と努力というやや変動的な原因が，また当事者以外（周囲）の原因としては，運や相手や課題の難易が代表的なものとなっています。

帰属のタイプ	出来事の性質	
	負の出来事	正の出来事
楽観的なタイプ	周囲のせい（a） 偶然のせい（b）	自分のせい（f）
悲観的なタイプ	自分のせい（c）	偶然のせい（e） 周囲のせい（d）

3　原因帰属傾向を考えるための簡易尺度

トライ1

　ある出来事の原因を推測する作業をしてみましょう。あなたが学生だとして，これから10の出来事が提示されます。その出来事の当人があなただったとして，その原因についてあなたの考えに近い方を選び，記号を○で囲んでください。はっきり決めにくい場合にも，どちらかに決めてください。

1　一度も遅刻をしないで13回授業に出た。それは，
　　　先生がよかったから　　（d）
　　　たまたまのことだから（e）
　　　自分が頑張ったから　　（f）
2　仲のよい友達とけんかになった。それは，
　　　私がわがまま言ったから　　（c）
　　　気候がじめじめしていたから（b）
　　　相手がわがままだから　　　（a）
3　たまに会うだけの友達と楽しく過ごせた。それは，
　　　私の付き合い方がよかった　（f）
　　　時間的に都合がよかったから（e）
　　　相手が付き合いがよかった　（d）
4　人ごみの多い街に買い物にいってサイフがなかった。それは，
　　　どこかで落とした　　　（c）
　　　持っていかなかったせい（b）
　　　スリに掏られた　　　　（a）
5　繁華街をぶらぶらしていて声をかけられた。それは，
　　　自分に魅力があるから　　　　（f）
　　　たまたま暇そうにしていたから（e）
　　　相手が探すことに熱心だったから（d）
6　熱心な先生の授業中に私語を注意された。それは，
　　　私が話しかけたせい　　　　　（c）
　　　運が悪かったせい　　　　　　（b）
　　　隣りの人が無理に話しかけたせい（a）
7　専門科目の学期末試験でよい成績をとれた。それは，
　　　よく勉強したから　　　（f）
　　　山が当ったから　　　　（e）
　　　問題がやさしかったから（d）
8　やさしい授業科目の単位がとれなかった。それは，
　　　勉強不足だった　（c）
　　　山がはずれたから（b）
　　　厳しい先生だった（a）
9　遅れて出したレポートがほめられた。それは，
　　　先生の機嫌がよかった　　　　（d）

4章　原因についての楽観的・悲観的な考え方

　　　たまたま目に留まったため　（e）
　　　時間をかけて書いたから　　（f）
10　混雑した電車で足を踏まれた。それは，
　　　不注意な奴がいたから　　　（a）
　　　運が悪かった　　　　　　　（b）
　　　こちらが油断していたから　（c）

トライ2

まず，各記号（a～f）について○印の数を合計し，表に書き入れます。

帰属のタイプ	出来事の性質	
	マイナスの出来事	プラスの出来事
楽観的なタイプ	外的得点（a＝　） 偶然得点（b＝　）	内的得点（f＝　）
悲観的なタイプ	内的得点（c＝　）	偶然得点（e＝　） 外的得点（d＝　）

次のように合計点を求めて，自分の傾向を考えるヒントにしましょう。
　プラスの出来事（奇数項目5問）の楽観得点A＝f－d－e
　　　　この得点が－になると悲観が主になる人
　マイナスの出来事（偶数項目5問）の楽観得点B＝a＋b－c
　　　　この得点が－になると悲観が主になる人
　合計楽観得点＝A＋B
　　　　これが＋になるのは楽観タイプ
　　　　これが－になるのは悲観タイプ

　たとえば，プラスの出来事の楽観得点A＝f(2)－d(1)－e(2)＝－1
　　　　マイナスの出来事の楽観得点B＝a(3)＋b(0)－c(2)＝1
　　　　合計楽観得点＝A＋B＝0
　　　　よって，プラスの出来事では控えめに，マイナスの出来事では楽観的に判断する中間的タイプとなります。

トライ3

さて，原因帰属傾向を考えるための簡易尺度を実施してみて，あなたの原因帰属の傾向

は楽観的でしたか，悲観的でしたか，それとも中間的でしたか？ 結果は統計的処理によるものではありませんが，全体としての一般的傾向を考える参考になったことでしょう。そのような傾向に影響した出来事が何かを考えるための振り返りをしましょう。

ア）これまでに，あなたはどのような大きなマイナスの出来事を経験しましたか，そしてどのようにその原因を考えましたか？

マイナスの出来事について，思い出して簡単にメモしてみましょう。

そのとき，その原因についてどのように考えましたか

今，思い返して，できるだけ楽観的に考えてみましょう。

イ）これまでに，あなたはどのような大きなプラスの出来事を経験しましたか，そしてどのように原因を考えましたか？

プラスの出来事について，思い出して簡単にメモしてみましょう。

そのとき，その原因についてどのように考えましたか

4章　原因についての楽観的・悲観的な考え方

今，思い返して，できるだけ楽観的に考えてみましょう。

( )

4　起こりそうな出来事の原因に関する質問

トライ1

　これから先の出来事として10項目をあげました。あなたにそのことが起こり得るかどうか，以下の基準で1，2，3，4のどれかに○をつけてください。
　そして，その原因が，あなた自身にある割合を自分（　）に％で，自分以外にある割合を他（　）に％で記入し，合計が100％になるようにしてください。

　　　　　　　　　　　　　　　　　　　　　1：起こり得る
　　　　　　　　　　　　　　　　　　　　　2：どちらかといえば起こり得る
　　　　　　　　　　　　　　　　　　　　　3：どちらかといえば起こり得ない
　　　　　　　　　　　　　　　　　　　　　4：起こり得ない

1．1日も遅刻をしない1か月は，　　　　　　1　　2　　3　　4
　　　　　自分（　　　）　他（　　　）
2．仲間とけんかになることは，　　　　　　1　　2　　3　　4
　　　　　自分（　　　）　他（　　　）
3．友達と楽しく過ごせることは，　　　　　1　　2　　3　　4
　　　　　自分（　　　）　他（　　　）
4．買い物にいってサイフがないことは，　　1　　2　　3　　4
　　　　　自分（　　　）　他（　　　）
5．街で声をかけられることは，　　　　　　1　　2　　3　　4
　　　　　自分（　　　）　他（　　　）
6．授業（仕事）中に私語を注意されるのは，1　　2　　3　　4
　　　　　自分（　　　）　他（　　　）
7．よい成績をあげることは，　　　　　　　1　　2　　3　　4
　　　　　自分（　　　）　他（　　　）

8．マイナスの評価を受けることは，　　　　　1　　2　　3　　4
　　　　　　　自分（　　）　他（　　）
9．レポートがほめられることは，　　　　　　1　　2　　3　　4
　　　　　　　自分（　　）　他（　　）
10．電車で足を踏まれることは，　　　　　　　1　　2　　3　　4
　　　　　　　自分（　　）　他（　　）

トライ2

　将来の出来事について，それが起こり得るかどうか，その際の原因は自分か他かについて，点検したことになります。さて，続けて以下も考えてみましょう。

ア）あなたが起こり得ると予想していることの中で，もっとも起こり得ると思うことは何ですか？

〔　　　　　　　　　　　　　　　　　　　　　　　　　　　　　　　　　　　〕

イ）起こり得ることの中で，自分の方に最も原因があると思うことは何ですか。どうしてそう思うのですか？

〔　　　　　　　　　　　　　　　　　　　　　　　　　　　　　　　　　　　〕

ウ）自分の外に最大の原因があると思うことは何ですか。どうしてですか？

〔　　　　　　　　　　　　　　　　　　　　　　　　　　　　　　　　　　　〕

4章　原因についての楽観的・悲観的な考え方

5　楽観－悲観のよさと課題

　人々は，過去を反省し未来を予見して今を生きています。その反省と予見における基本的な心的態度（構え）を，楽観－悲観の視点から点検してみて，よりよい生き方を考えるヒントを引き出そう，これがこの章の目標です。

1）楽観的であることの長所と課題

　いろいろな過去の出来事を振り返ったとき，もっと楽観的に考えたなら，人生がもっと楽しく，自分らしく生きることができたと後悔することがありませんか？　じっくり考えてみましょう。

　楽観的であることのよさと課題について，あなたの経験に基づいて，考えてみてください。

$$\Bigg(\Bigg)$$

解　説

　ある学生は高校時代に好きな男子学生がいて，自分から声をかけることをしないで待っていたが，彼からの誘いがなかったので，自分は好かれていないと諦めていた。大学を卒業する年の同窓会で，彼が好意を持ってくれていたことを知った。この女子学生は，もっと自分に自信を持って積極的に声をかけたら人生は変わっていたかもしれないと話してくれました。あなたも，このような経験を思い出すことができるのではありませんか？

　その反対に，楽観的であったためにマイナスになったという経験も少なくないのではありませんか。もっとよく考えてから決心すればよかったのに，『多分だいじょうぶさ』と軽く結論を出して後悔することがあるでしょう。この場合，楽観的であること自体の問題というより，楽観視のために慎重さを欠いたり無計画であったりした場合に限られるように思います。

　慎重に，しかし楽観的に物事を考え，積極的に取り組むことが肝要と言えるように思います。

2）悲観的であることの問題

　過去を振り返って，悲観的であったためによかったと思えることが何かありますか？めったにないと思いますが，もしあるとすれば，2つの場合が考えられます。

　1つは，悲観的であったために，じっと動かずにいたところ，棚から牡丹餅的に，思わぬよいことが起こったという場合でしょうか。このような思わぬよい結果によって，消極的に待つことが習慣化すると，長い目でみて後悔することが多い人生になることが案じられます。

　もう1つは，人生の早期に悲観的にならざるをえないような大きな不幸な経験をしたことが考えられます。

　あなたのこれまでの人生で，どんな経験が悲観的な気持ちを起こしたのでしょうか。そのときの経験を見直しして，考え方を修正してみましょう。

5章 なじんだ環境
ー心を育て，癒すものー

高度情報技術の急速な発展は，私たちに，遠く離れたところに住む人や見知らぬ人との交信が自由にできる便利さとともに，たえず新しいものを追求し続けるあわただしい生活態度を醸成してきたように思えます。それは同時に，身近な普段の人間関係とこれまで馴染んできた環境に備わった，心を育て癒す働きの大切さを忘れさせることになり，心の健康が脅かされる事態が進行しているように思えます。この章は，いつも身近にあって私たちを支えてくれている環境，そして幼い日の記憶がもたらす心の安定を支えてくれる力について，取り上げていきます。

1 幼い日の思い出

トライ1

　目を瞑って，思い出してみましょう。あなたの幼な馴染はどういう人ですか？　幼稚園や小学校時代から一緒だった人たち，顔や名前，ニックネーム，その人の癖などを思い浮かべてみましょう。あるいはもう少し後の思い出でもかまいません。その人のことを思い出してみましょう。

　その人と過ごした場所，たとえば近所の家の裏庭や近くの公園や校庭，よく遊んだ遊びなど，心に浮かぶままに思い出をたどってみましょう。

　そして，しばらくの間，およそ3分間，思い出に浸った後，今，あなたはどういう気持ちですか？　感情や気分はどうですか？　体の状態は緊張感がありますか？　それともリラックスしていますか？　今の心身の状態をメモしておきましょう。

①思い出した人や遊びについて書いてください。

②今の心身の状態に注意を向けてください。どうですか？

トライ2

その幼な馴染と一緒に過ごした楽しい一時を想い出して，あるいは今そのときの光景を想像してみて，その頃の自分のいる情景を鉛筆やペンで描いてみましょう。絵を上手に描くことが目的ではありません。思い出を絵にすること自体を目的として，思うままに描いてください。所要時間は15分程度でよいかと思います。

幼い頃の自分のいる楽しい情景：

さて，幼い日の自分のいる情景を描いて，今，あなたはどのような気持ちになっているでしょうか？　以下に簡潔にメモしてください。

5章 なじんだ環境 —心を育て，癒すもの—

①どういうところで何をしている絵ですか？

②登場人物は誰と誰ですか？

③そのときのあなたの気持ちはどういうものでしたか？

④誰の，どの部分にもっとも時間をかけて描きましたか？

⑤描いた今，どういう気持ちですか？

　もしも，あなたの描いた情景があなたにとって楽しくないものになっていたら，大きく静かに深呼吸しながら，ゆっくり吐く息と共にマイナスの考えや感情があなたから出て行くことを想像してください。そうすると気分を変えることができるでしょう。幼い時期の辛い経験は，それに蓋をして忘れた振りをするよりも，その記憶に時間をかけて向き合うことが心の健康を導くことになると言われています。

トライ3

　この経験を誰かに話してみましょう。同じような経験をした人と組む場合は，互いに話し手・聴き手になることによって，経験の相互開示が互いの心を開き，親しい感情を喚起することが経験できるでしょう。また，1人で実施した場合は，何かの機会に誰かに話してみてください。そして話してみてどういう心の動きが起こったか，自分の心に注目してください。自分の経験を語ることを通して，自分の心に向き合うことができるでしょう。

トライ4

　心の安定を支えてくれる思い出の引出しはいろいろあります。たとえば次のものも辛い気持ちを温かく包み込み，心の安定を支える思い出の引き出しになります。

①アルバムをめくって思い出に浸る，懐かしい写真を誰かに見せて話す。
②子ども時代に熱中したテレビ漫画のヒーロー・ヒロイン（仮面ライダー，ウルトラマン，魔女っ子メグ，アンパンマンなど）をイメージする，あるいはその話をする。
③子ども時代の遊び道具を押入れから出して眺める，触る，遊ぶ。
④子ども時代の好きな，あるいは得意な活動（たとえば劇の主役，徒競走）について思い出し，そのときの情景をイメージし，話をする。
⑤子どもの頃，やさしく理解し温かく支えてくれた人のことを思い出して，話をしたり，手紙を書いたりする。

　先の①から⑤のうちのどれか1つを選び，それを実際に行ってみましょう。そのことがあなたにとってどういう経験になったか，メモしてください。

> あなたが選んだ活動：
>
>
> あなたの活動の概要：
>
>
>
>
> この経験の感想：

体験報告

　このワークに参加した学生たちの感想は，次のようなものが主なものでした。
○昔に返ったようなやさしい気持ちになった。
○懐かしさに涙が出た。

5章　なじんだ環境　―心を育て，癒すもの―

○純粋だったあの頃，あの人を思って，ジーンとなった。
○思い出は心を癒してくれる。
○元気の薬をもらったみたいに，気持ちが温かくなった。
○自分にやさしくなれた。
○親に抱かれている妹と寂しそうに傍に立っている自分を描いた。今になっても寂しさがあることに気づき，驚いた。
○仲良しの子を思い出して，今会っているような新鮮な親しい気持ちになった。
○幼い頃とても仲のよかった友人を思い出した。その後しだいに遠くなってしまったが，彼女は今も私にとって大事な存在だと気づいた。
○自分が一番力を入れて描いたのは自分の顔だった。自分は一番大切なのかな？　自分が今も顔にこだわっていることがわかったみたい。
○額の傷を気にしていた私は前髪をたらしていた。今もそう。
○母親と自分を描いて感謝の気持ちがわいてきて田舎に帰りたくなった。
○描いているときは感情が大きく動くことはなかったのに，絵を見せて友人に説明したら，胸が締め付けられるような感動がわいて，驚いた。
○過去の自分を描くとき，実は今の自分を映し出しているような不思議な感じがした。
○5歳ころによく遊んだ公園に行って，ブランコをした。なんだか胸が熱くなって涙が出た。そして心が洗われたような気持ちになった。
○アルバムをめくっていて，外が暗くなるのも忘れていた。穏やかな気持ちになった。
○やさしく理解してくれた小学校時代の先生のことを友達に話して，声が詰まるのを堪えられなくなった。
○アンパンマンのことを友達と話し合い，気持ちがわかり合えてすごく仲良くなった。

解　説

　パーソナル・コンピューターと携帯電話に代表される情報機器は，次々と新機種と新ソフトに切り換えられ，私たちはいつも新しいものを追い求めて，しかも新しいものも数年で旧式になってしまいます。だからまた新しいものを求めます。このように，私たちは，いつも過去を棄てて新しい環境に適応する努力を続けています。その変化がとても急なので，疲れます。変化に遅れまいとして自己革新する生活はストレスフルな生活です。

　一方，心は安定を求めます。子どもにとって母親が毎日入れ替わったら情緒不安定に陥るのではないでしょうか。心の安定には変わらない安定的な環境が望ましいようです。

　そして思い出は安定していて変化しない性質があります。その上，心の中で楽しいものに結晶化されます。それだから，幼い頃の思い出は心を温める効果を発揮できるのだと思います。

2　いつも身近にあって心を支えているもの

トライ1

　それを見ればあなたを思い出すような品物や場所は何でしょうか。いろいろあるでしょう。あなたがいつも身に着けている物，よく行く場所，生活の中で大切に使っている物，好みの食べ物，趣味の道具，装身具など，あなたにかかわる物をできるだけたくさん捜して，それとわかる絵で示してください。たとえば，ある人は自分にかかわる物としてラケット，にんじん，ピアノ，ゼッケン，校庭などを絵で示します。

わたしがかかわる物や場所：

トライ2

　あなたが普段は気に留めていないけれど，いなくなったら困る人や動物，失ったら困るもの，それがないと生きていけないような事柄や品物，それがあってこそ生き生きしていられる道具や活動，組織などがあるはずです。それらは，普段はあまりに身近なために，失ってはじめて大切さがわかるものかもしれません。そうした物事について注意をめぐらせて，思いつくままに書き出してみましょう。

　そして，それがなかったらどういうことになるか，具体的に考えて，そのときの自分の気持ちをその物事の右に書き出してください。

5章　なじんだ環境　―心を育て，癒すもの―

```
ないと困るもの：(例) 水：干からびる，生きられない。




```

　さて，あなたの＜ないと困るもの＞のリストには何が出てきましたか。そして，それがないとどうして困るのかの文にはどういうことが書かれましたか？

▶ **体験報告**

　この問いに対する応答は実にいろいろありますが，その一部を参考までに紹介します。あなたと同じ物や人が出てくるでしょう。これを見て，さらにあなたのリストに追加してもよいでしょう。
○空気：これがないと生きていられない。
○太陽：植物は育たない，地球がなくなる。
○小さくても我が家，少なくとも天井と壁：雨風を防げない。
○学校：学校がないと友達が作れない。
○冷蔵庫と冷凍庫：まとめ買いができないじゃないか。
○スーパーマーケット：それがないと買い物ができない。困る。
○家族：いないと掃除洗濯をしてくれない。
○米と味噌：これさえあれば生きられる？
○母親：うるさいけれど，いなくなったら，とても困る。
○熊のぬいぐるみ：気持ちが弱くなり，泣き虫になる。
○表参道：思い出のデートの場所がないと悲しい。
○自分の部屋：ありがたいな，1人になれるところだから。
○ラーメン屋：何が何でも食いたい。
○妹：お嫁に行かせたくない
○自分が育って今も暮らす家：安心して眠れる。アパートは馴染めない。
○田舎：都会は楽しいけど，気が疲れる。
○パチンコ：憂さ晴らしできるところ，損をするけど。

○サッカーボール：小学校からこれと一緒に成長してきた。
○会社：生活できない。

トライ3

　あなたが書き出した＜ないと困るもの＞のリストを眺めてみましょう。いろいろな事物が書かれている中に，あなたにとってあまりに身近すぎて，その大切さが気づきにくいものがあったことでしょう。そのような事物に下線を入れて下さい。そしてその事物とあなたとの結びつきについて回想してください。すると，どんな思い出が浮かびますか？　そしてどんな感情がわいてきますか？　自分の気持ちを味わってください。

　次に，リストの右のないと困る気持ちについて，全体を通してみていきましょう。そこに書かれた言葉から，あなたの生き方が読み取れるかもしれません。

　最後に，この体験の学びを感想としてメモしてください。

体験報告

　いろいろな感想が述べられますが，とくに目に付いたものだけ拾ってみると次のようなものがあります。

○ないと困るものリストの中に，「家族」がまぶしく光って見えた。普段はうるさいなとしか思えないけど，今は感じている，ありがたさ。「お母さん」と声に出さない声で呼んでみたら，こみ上げてきた。
○私は弟のことを気づきました。生意気でうるさくて，いなければよいのにと思うことがあったけれど，大切にしたい。
○僕は，なんと，食うことばっかり書いてしまった。反省！　1人暮らしで寂しくて食う俺なんだ。
○ないと困る物の一番は郷里。だって，それを想って，厳しい今を生きているようなのだから。
○理由はわからないが，この作業は気持ちがいい。
○サッカーボールをないと困るリストに入れて，「それがなかったら俺の人生に穴があい

5章 なじんだ環境 －心を育て，癒すもの－

てしまいます」と書いた。自分がそのことにかけてきたから，それだけ大切なんだと知った。
○理由のところの言葉をみていたら，悲しいとか，寂しいということが多くあって，寂しがり屋の自分がよくわかった。けど自分はこれではいけないなと思いました。
○お袋の味噌汁が飲みたい。
○自分という存在はこうしたこまごまとしたものたちによって成り立っているのですね。

解 説

　あなたは空気を意識したことがありますか？　富士山のような高い山に登った経験がある人なら，空気のありがたさがわかるでしょう。いつも身近にあって気づかないほど馴れている物事は，それが失われたときはじめて，その大切さが実感できるようです。
　家族もまた空気のような存在で，離れてみて寂しさを痛感し，ありがたさがわかるようです。お袋の味噌汁が飲みたいと書いたのは東北の町から出てきた青年でした。人懐っこい彼は都会の味噌汁は味がしないと言いにきました。このような作業は心のあり方を探る手がかりとなるようです。普段はしていない，自分の心に耳を澄ますこと，それが心理教育のワークの大切な目標といえるでしょう。
　インターネットの普及によって，いながらにして遠く離れた人と情報を交信し，グローバル化が進行しています。その反面で，人々は家庭や地域社会や働く場といった，人と人を繋ぐ安定した場の意義を弱めています。そして，そのことで心の問題を生み出しているように思えます。
　適応とは新しい環境になじむこと，環境との調和を得ることです。そして不適応とは，なじめずに，不調和のまま緊張を持続させることです。今日のように変化の激しい社会に適応するには，たえず新しいものを追いかけリニュウアルし，古いものを棄てる営みを迫られているように思います。それには大きなエネルギーを必要とします。慣れたものを棄てる生活はストレスです。ときには身近にあって変わらぬ大切なものに目を向けて，調和と安定，くつろぎと癒しの一時を持つのも必要なことではないでしょうか。

6章 自分の大切な持ち物
－マイ・リソース－

リソースとは資源のことです。資源という言葉は「森は地球の大切な資源」「海底資源の開発」などと使われます。人間についても「熱心な社員がわが社の第一の資源である」などという訓示を耳にすることもあります。では，地球の資源に森や石油があり，会社に社員があるように，あなたの資源は何でしょうか？ あなたの家族や友人たち，それにあなた自身の才能はあなたの大切な資源といえるのではないでしょうか。この章ではマイ・リソース（私の資源）について考えることにしましょう。

1 マイ・リソースの価値

トライ1

　このワークは，大切な資源とともに使命を果たすため，宇宙船の旅に出るイメージのワークです。辛い厳しい経験になることがありますから，始める前にも終了後にも心身のリラックスと安定に十分努めてくださるよう，お願いします。

　これから行うことはすべてイメージの中のことです。決して現実のことではありません。そして1人ひとりの自由に任せる個別ワークです。

　次の状況を想像してください。あなたは地球の危機を救うため，5つの大切な宝物（資源）を持って宇宙船に乗り込みます。いつ帰ってくることができるかわからない大旅行ですから，あなたのリソースをすべて持っていきたいところですが，しかし，宇宙船に持ち込めるものは，重さにかかわらず，5つだけと決められています。さあ，あなたが持っていくリソースを決めてください。ヒントとして，一人旅を慰めてくれる品物がよいでしょう。動物を連れて行きたいと思う人もいるかもしれませんが，動物にもあなたにも辛く苦

6章　自分の大切な持ち物　－マイ・リソース－

しい旅になるかもしれないということを頭に入れておいてください。

あなたが持っていくものを以下に書き込んでください。

私のリソース：

1.

2.

3.

4.

5.

　宇宙船は無事に飛行を続け，楽しい旅の日々を過ごしていたのですが，突然，ブラックホールのような強力な魔力に引き寄せられていきます。宇宙の魔王と呼ばれる軍団の一員，宇宙蛸が出現したのです。あなたに要求を突きつけます。あなたの宝物を1つ置いていけと言っています。従わなければ宇宙船ごとすべて破壊すると言うのです。要求にしたがって何か1つを棄てなければなりません。あなたは何を棄てますか？

第一の犠牲：

　すると宇宙船は動き出しました。しかし，数日後には再び別の大蛸に捕捉されてしまいました。また犠牲を出さなくてはなりません。あなたは何を棄てますか？

第二の犠牲：

　宇宙船は再び動き出し数日の無事な旅が続きましたが，またもや宇宙蛸の出現で，犠牲を出さなくてはならなくなりました。あなたは何を棄てますか？

第三の犠牲：

そして，さらに苦しい局面がやってきました。宇宙魔王の出現です。彼はさらなる犠牲を求めます。あなたは，何を棄てることができますか？　あなたの心はもうぼろぼろに傷ついてしまっています。犠牲になった大切な宝のことを思うと死ぬほど苦しい。もはやこれ以上の犠牲は払えない。自分が死んでしまったほうがどれほど楽か，でもそれでは使命が果たせない，そういう絶体絶命の苦境の中で，あなたは最後の力を振り絞ってエンジンを全開にして魔王の心臓部らしい暗黒に向かって突進したのです。……

　すると，大音響とともに宇宙は明るい広がりに急転し，そのすぐ先に目指すアンドロメダ星雲の中の若い星があなたの到着を待っていたのです。めでたしめでたしのお話でした。

　ここで，リラックス体操や気分転換をしてください。苦しい目にあわせてごめんなさい。この体験を自己理解に結び付けてくださるよう，次の質問に応答してください。お願いします。

　さて，あなたが何かを棄て，何かを残したこと，それはあなたにとって，どういう意味を持っているのでしょうか？　棄てる際に，あなたはどういうことを考え，感じていましたか？　残したものに対して，どういう気持ちがありましたか？　そして今，あなたはどのような心理状態を経験していますか？

体験報告

　このワークは，まだ十分に多くの人々から体験を報告してもらっているわけではありませんが，とくに意見を寄せてくださった方々から，次のような体験が報告されています。

○よくわからない話に巻き込まれてしまったが，考えさせられた。生きることは楽じゃないなと。

○私は5つの持ち物のうち，お金と高級時計を棄てることはあまり嫌な気にならなかったけど，母の形見のネックレスを棄てるのはとてもいやだった。そして勇気と命を残すことができてよかった。母にすまないと思って涙が出ました。でも，これが生きるということのようですね。

6章　自分の大切な持ち物　—マイ・リソース—

○苦しかった。悩んだ。僕は家族3人と愛犬の花とロボットを連れて旅に出ることにしてしまったから，棄てられるのはロボットだけだった。大事なものは残してくればよかったと悔やんだ。目を瞑って愛犬を棄て，さらに。涙が出た。想像だけのことといっても，こんな残酷なことはしたくないのに，腹が立った。でも，やらされて自分の気持ちがわかった。心の中で弟にわびた。これから仲良く，大切にしてあげたい。

○自分が何を一番大切にしたいかということがわかった。知能と強さとスタイルを捨て，愛情と健康を残すことになった。これでよいと思う。

○私は，これは現実のことではないと思いながら，化粧セットと好きな男性の写真と花嫁衣裳を捨てて親を残していました。トリックにはめられたようで，不愉快です。父と母はどうしても捨てられませんでした。すぐ口喧嘩になるのに，大切。私は結婚できないかもしれない。

解説

　私たちはいろいろな資源に支えられて生活しています。たとえば，知恵や勇気ややさしさなど私たち自身が持っている能力としての資源があります。また，ゴルフセットや眼鏡や幼い頃に眠るときに抱いていた毛布など，私たちが自分の一部のように所有している資源もあります。また，家族や友人やペットなど，私たちの周囲にあって私たちとのかかわりによって私たちを支えてくれている存在たちも，私たちにとって欠かせない資源です。また家屋，会社，退職金など他の人と相談して決める性質の，だから一方的にこちらの意のままにはできない資源もあります。なお，よく利用する駅や近所の公園などは公共施設ですから，マイ・リソースではなく，社会的資源となります。

　マイ・リソースの価値に関する気づきは，私たちの極限状況を想定すると明らかになります。このワークは想像するだけのことで，実際に行動するのではありませんが，それでも苦しい経験になったことと思います。そしてどれほどマイ・リソースが私たちの心を支えてくれているかを実感することができます。架空のこととはいえ，罪の感情が残ったなら，気持ちの中で罪滅ぼしに相手の喜ぶことをしてあげてください。

　私たちは，とかく，自分がすでに持っているものに目を向けず，その大切さを忘れ，ないものねだりをして，不満を募らせつつ暮らす傾向があるようです。たとえば，郊外に住む人は，自分の家は職場に遠くて不便だから，ダメだというように。しかし，家の周りに広がる広葉樹の林からは新鮮な空気の恵みがあることや星空の美しさを忘れているのではありませんか。また海に近いところに住む人は潮風が運ぶ湿気と塩分を嘆くことが少なくありませんが，山に住む人には海辺の砂浜を散歩することや岩場で釣りを楽しむことは憧れになっています。田舎のねずみと町のねずみの童話は，今でも人間心理の真髄に触れることのように思えます。

リソースを探そうというこの章の目標は，私たちが身近に持っている環境の価値を再認識することにあります。不平不満を述べ立てる人生は後ろ向きの言い訳がましい人生に陥ることが案じられます。私たちは，心豊かに生活するために，自分が持っているリソース（資源）に目を向け，その大切さに気づき，リソースとともに心豊かに生活することが肝要でしょう。

　リソースをいくつかの種類やタイプに分けることができます。第1の区分は，それが自分の内側にあるのか，自分の外にあるのかという区分です。見たり聴いたりする感覚知覚能力，情報を理解し判断する能力，それを記憶する能力，そして推理する能力，体を動かす身体能力，そしてコミュニケーション能力，社会的知恵など，これらは普段気づかずに使っている資源で，失ってはじめて気づく資源といえるものです。やさしさや思いやりの心も大切なリソースです。そうした自己の能力によって受け止められたとき，外側の資源，つまり環境側の潜在資源は有意義な環境資源となるでしょう。

　第2の区分は現実に持っている資源か，所有の可能性の高い資源か，可能性の遠い資源かという区分です。身近なところにあってすでに持っている資源としては，自分の家族，部屋，音響装置，携帯電話，所属する学校や職場の仲間，部活やサークルの仲間，アルバイト先の仲間などが含まれます。可能性の高い資源としては，大学生ならこれから選ぶゼミの先生や先輩，職場なら他の部課の仕事や支店の職場など，そしてまだ遠いところにあってこちらが近づいて初めて意味を持つ資源に，大学生であれば将来の志望する就職希望の会社などが含まれます。

　第3の区分は，共有資源と個人資源の区別です。前者は，太陽のように，あるいは大学の大時計のように誰にも等しくあって役立てられる資源が，後者には，マイウォッチのように自分だけにある資源が含まれます。

　自分の持っている資源，持てる資源に気づき，資源とのかかわりを自覚し，自己の成長のために役立てることを心がけたいものです。

2　私の宝物（遺失物係ゲーム）

　自分にとって大切な物を落としてしまった悲しみとそれが戻ってきた喜びを体験したことはありませんか？　あなたの生活の中できっとあったことと思います。大切なものとのかかわりをグループワークの中で楽しく経験することにしましょう。

▶ トライ1

　空港で何かを紛失したら，あるいは落し物を見つけたら，Lost & Found と書かれた看

6章　自分の大切な持ち物　−マイ・リソース−

板を探すことでしょう。大切な落とし物（Lost）を誰かが見つけて（Found）届けてくれるところ，落し物を介して落し主と拾い主が出会うところでもあるでしょう。そのような出会いのゲームをしてみましょう。

　この作業には，15人前後の同人数の2つの班が必要です。クラスの人数が50人であれば，12人ずつの2つの班と13人ずつの2つの班に分かれてもらいます。

　各自に1枚，同じ大きさ・形・色の紙を配り，このゲームのあらましを次のように説明します。紙によって誰のものかがわかってしまわないことが大切です。

①各自が自分の大切なものを1つ決めて，それが何か，そして，それが大切なわけが何かを書きます。

②書いた文字を内側にして3つ折にし，返ってきたときにそれが自分のものと確認できるマークを目立たないように外側の片隅に小さく付けます。

③Bグループの人は自分の書いたものを本やノートに挟んで，しまいます。Aグループの人はリーダーに集めてもらい，広い場所に散開して立って，落し物を届けてもらうのを待ちます。

④リーダーは回収したAグループの紙をよくシャッフルし，テーブルに置いて，Bグループの人に1部ずつ拾ってもらいます。

⑤Bグループの人はそれを開いて読み，誰がこれを書いたか予想し，間接的な質問をして落し主を探し，訊ねて回ります。たとえば，指輪を落としたことを恋人に知られたくない秘密の持ち主を訊ねるのであれば，次のようになるでしょう。

　　Q：あなたの大切なものは丸いものですか？
　　A：そうです
　　Q：それは光るものですか？
　　A：そうよ
　　Q：それは恋人には内緒ですね？
　　A：いいえ，夫に内緒で買ったの
　　Q：じゃあ，あなたではないわ，大変だ，別の人を探さなくちゃ

⑥こうして正しい落し主を探し当てたら，本人であることをマークで確認して返し，そのことにかかわる話を落し主（話し手）から聞かせてもらいます。

⑦聴き手として特に大切なことは，他の人の心に触れる際の慎重さと，話を聞かせてもらう際の共感的理解と敬愛のまなざしです。

⑧全員が無事に落し物を届け終わって，最後に探し当てたチームで落し主から少なくとも5分程度の話を聴かせてもらった頃を見計らって，握手をして終了とします。

次に、役割交換をします。今度は、係りのものは先ほどしまっておいたBグループの人のものを集めて、Aグループの人に届けてもらうことにします。ここでも全員が届けられて、少なくとも5分程度の間、話をして聴いてもらい、聴かせてもらった段階で、握手して分かれましょう。
　最後に、この日の経験をメモして、全体の終了とします。

経験したこと：
①書いて届けてもらって

②読んで届けてあげて

③話して

④聴いて

⑤全体を通して

　この演習の指導者には、参加者に次のことを注意しておくことを勧めたいと思います。1つは、この経験を通して自分の経験を温かく受け止めて自己理解の契機とするように。もう1つは、話を聴いた他の人の経験に対して敬愛の心を向けるように。そして第3に、話を聴いた他の人との関係は、この場限りの経験にとどめて、その後の日常生活に持ち込まないように。そう注意することがよいと思います。

体験報告

　このワークを体験した学生たちから感想を集めたところ、自分の心の秘密を他者に託すことに抵抗がある学生、最初は不安だったが、やってみて感動した学生など、このワークもインパクトの強いものでした。以下にその主なものを紹介します。
○私は、彼女から誕生日にもらったペンダントを私の宝物に選びました。そしてそれを捨てることに申し訳ない気持ちになり、それが誰かの手で拾われて届けてもらうことにな

6章 自分の大切な持ち物 —マイ・リソース—

ったとき，なかなか届けてもらえなくてドキドキしていました。そして無事に自分のところに帰ってきたときはホッとして，そのことについて話をきいてもらったときは気持ちがほんわかして，なつかしくて，うれしくなりました。その後，自分が他の人の宝物を拾って届ける段になると，書いた紙をあけるときはどきどきし，間接的に質問してやっと相手に届けることができたとき，ほっとして，その人と気持ちが一つになるような感じを持ち，カウンセラーの気持ちはこういうものかなあと感じました。

○私は，何を書こうか迷って，初恋の人からもらった恋文を宝物として選んでしまった。だから，落としたものがどういう人の手に渡るのか，はらはらどきどきで，運よくよい人に拾ってもらって，無事に自分に返ってきてほっとしたし，うれしかった。

○他人に知られてもいいような無難なものを選んで書いた。私の紙を拾って届けてくれた人は優しそうな人だったので安心して自分のことを話せた。そして相手の人は頷きながら聞いてくれたので，ちゃんと聴いてくれていることがわかりうれしかった。

○自分のことを他人に話すのは気が重かった。でも，拾ってくれた人に対してだから，信頼して話せた。そして話し終わってから，「あなたはこういう気持ちだったのですね」と私の気持ちをキチンと言ってくれたので，話してよかったと思った。

○適当に思い付きで決めて書いた。それなのに一旦は失った宝物が無事に戻ってきて，拾ってくれた人に話して，わかってもらった。それを宝として書いたのは，それなりの必然だったような気持ちになった。

○半分は遊びのつもりでやっていたのに，だんだんと本当の気持ちがわいてきた。話して聴いてもらううちに，いろいろなことを思い出して，気持ちが温かくなって，なぜか照れくさい感じを持った。自分のことをこんなに自然に話してしまっていいのだろうか。

○今はない，記憶の中におぼろげに残っている羽子板とそれで遊んだ想い出について紙に書いた。そしてそれが戻ってきたので，感動的なことになった。話しているうちに，それはおじいさんが板を削って作ってくれ，お母さんがそれに絵を描いてくれたものだったことを話したら，こみ上げて泣いてしまった。私はおじいさんっ子だったから。そして貧しかったから。なぜ，羽子板を思いついたのか，わからないけど，なんかあるみたいな気がしています。

解 説

　自分が大切にしているものを紙に書き，それを一旦は捨てて，そして拾って届けてもらって，そのものにまつわる出来事やそのときの気持ちを話して聴いてもらう，このワークは，カウンセリングの本質について体験的に触れることのできる，興味深いワークになったことでしょう。話し手はクライエントの心理過程の一端を，聴き手はカウンセラーの心理過程の一端を経験することができるなら，このワークは自己理解ワークであるとともに，

カウンセリングの理解を導くワークになるでしょう。

　カウンセリングにおいては，親和的，信頼的関係のもとで，クライエントが自分の経験をカウンセラーに開示し，カウンセラーは耳を傾けてそれを聴き，共感的に理解し，その理解をクライエントに伝えて確かめるように応答します。クライエントはその応答を手がかりにして，自分の心を探っていきます。

　このワークの参加者は，最初は思いつきで気軽に選んだ何かが，それを拾い上げて届けてくれた人（カウンセラーの役）に話しているうちに，実は自分にとって大切な意味のあるものであったと気づくことが多いようです。また聴き手になった人は他者の経験を理解し，その理解を伝えることで，他者の心に触れる経験をすることになります。そして話し手と聴き手の間にはカウンセリングの基本構造（カウンセラー，クライエント，場，関係）にも似た関係性が自然に出来上がって，その面接過程には精神分析や分析心理学が好んで用いる自由連想やイメージの交流のような心理過程が進行することもあります。

3　何を失って，何を得てきたのか

　先の遺失物係（Lost & Found）ゲームでは大切な何かを落としてしまったけれど，それが戻ってくることによって，自分にとって，そのリソースの大切さを理解する経験を導いたことになります。

　このワークで用いた「大切な宝物」に替えて，「失ったもの」について書くよう求めることもできます。その場合は次のように説明することになります。「あなたがこれまでの人生で失ったものについて考えてみてください，実際の物でなくて，純真さのような抽象的なことでも，友人とか恋人とかのような人間や生き物のことでもかまいません。失ったものが何か，そして失うことになった経過やそのときの気持ちについて書いてください」と。こうすると，宝物のときよりも深い自己対面を導くことができますが，このワークを経験して辛くなる人が出てくるでしょうから，事後の手当ても考えて実施する必要があるでしょう。

　次のワークは，個人的に実施することができて，人生について深くいろいろ考える契機となることも可能なワークです。ぜひ試みてください。

トライ1

　これから行うワークは，他の人に相談したり見せあったりしないで，1人で静かに行うものです。気兼ねしないで，率直に自分の気持ちと向かい合ってみてください。

　私たちは，これまでの人生で，いろいろな経験をしています。その中で得たものもある

6章 自分の大切な持ち物 －マイ・リソース－

けれど，失ったものもあるのではありませんか？

たとえば，大切にしていた大好きなおもちゃが壊れてしまって，代わりに買ってもらった新しいおもちゃには馴染めなかったこと，あるいは仲良しになった友人が転校してしまったというようなこと，あるいは田舎ののどかな時間など，そのような経験について，いろいろ想起してください。

もしかすると，とても大切なことや人や物を失った記憶が浮かび上がったかもしれません。心ならずも失ったもの，何かを得るために何かを捨ててきたものなど，いろいろあると思います。

あなたが失ったもの（事柄，人や物）の中から，何か1つを選び，以下に書いてください。

失ったもの：

トライ2

次に，その喪失に関係する思い出について，思い浮かぶことを以下に自由に書いてください。

思い出：

トライ3

さて，あなたは，今，どんな心の状態を経験しているでしょうか。苦しくない範囲で簡潔にメモしてください。

今：

> **体験報告**

　この体験についてはいろいろ多くの報告がありますが、いくつか拾ってみます。

○中学時代のこと、好きになった同級生がいたけど、親から交際はまだ早いと言われ、くよくよ悩んでいるうちに、その人は他の異性にとられてしまった。今の恋人はその人に似ています。

○受験で、もし、こっちでなく、あっちを選んでいたら、人生は違っていたと思った。よかったかどうか。

○得たものに対する気持ちを大切にするしかないよね、と自分に言ってあげました。

○人生って、複雑、考えた。

○あの仕事を続けていたら、今ごろどうなっていたろうか。今のほうがよかったのだろうか、わからない。

○迷いがない人生なんてないよね、と自分に言い聞かせています。「何かを選ぶことは何かを捨てることである」って、本で読んだ気がする。

> **解　説**

　この章の結びに、『星の王子様』に登場する狐の言葉を思い起こしてもらいましょう。その本は世界的ベストセラーですから、あなたも読んだり聴いたりしたことがあると思います。

　王子が地球にある美しい豪華な薔薇たちを見て思うのは、残してきた小さな星の一輪の小さな薔薇のことでした。あの小さな星の小さな一輪の薔薇の方がよほど美しく、大切なものに思えるのです。その薔薇のために王子は毎日風よけをしてあげ、水をやってあげていたのでした。王子に出会った狐が言います。「その薔薇が大切なのはね、君がその薔薇のために時間を使ったからだよ」と。ここで「時間を使った」に替えて「長い間、親しくかかわりを持った」とか「心を結んだ」「苦労を共にした」と言い換えてもよいかと思います。私たちが経験を通してかかわったものや構築したものこそが、私たちにとって掛け替えのない資源となるということでしょう。そのリソースにかかわることによって、それは心を支えるリソースとなるといえるでしょう。

7章 心身一如
－心から身体へ，身体から心へ－

楽しいときや落ち着いているとき，不安なときや緊張したとき，そのときどきの心の状態は身体に表れます。気持ちが落ち着いているときは身体もリラックスしていますし，不安なときは筋肉が緊張し，呼吸が小さく速くなるでしょう。そこで身体に注意を向けて深く息を吸ってゆっくり静かに息を吐いていき，筋肉の緊張を緩めるようにすると，気持ちも落ち着いてくるでしょう。身体と心は自律神経やホルモンを通してつながって1つになっています。身体に注意を向け，身体の様子を少しだけ調整することによって，心のありようを少しでも変えることができるでしょう。

1 ゲシュタルト療法の考え方を応用して

　ゲシュタルト療法に注意の3区分という気づきの誘導法があります。
　1つは外側の区域への注意で，目や耳（これを遠感覚と言います）によって捉えられる外側の世界の時々刻々の姿に注意を集中していくことです。
　2つ目は内側の区域への注意と呼ばれるもので，皮膚や筋肉や内臓など身体の感覚の時々刻々の変化に注意を集中していくことです。
　3つ目は，中間の区域と呼ぶもので，空想やイメージなどの心の働きに注意を向けることです。
　これら3つの区域への注意の向け方を意識することによって，心身の状態を理解し，調節することが重視されます。

トライ1

　このワークのテーマは，外側の区域への気づきです。周囲を見回してください。窓の外

には何が見えますか？　木や建物が目に入りますか。普段はそれらを漠然と見ていることが多いと思いますが，今は細部をよく観察することにしましょう。木の幹の模様や枝先のひろがり，そして木の葉1枚1枚に，次々に焦点を当ててみましょう。大まかに見るのでなく，細部にわたって注意を向けて，注意が自然に他に移ったら，またそれに集中して見てください。あるいは，意図的に他の部分に視点を移動して見てください。

　目を部屋の中に移してみましょう。何が見えますか？　時計が見えたら時計の文字盤の数字と針の動きに注意を向け，天井に目が移ったら天井の模様など，1つひとつにしっかりと目をとめ，それから蛍光灯の端の様子などへ，自然に，あるいは意図的に，次々と注意を移して見てください。すると今まで大まかにしか見ていなかった世界がもっとはっきりと気づきに入ってくることでしょう。

　注意を自分の手元に移してみましょう。本やノート，ペンやペン入れを丁寧に見ていきましょう。次に，足元の床に目を向けてみましょう。

　そうしている間に，もしも今日の昼食はどうしようとか，飼っているペットがどうしているかしらといった雑念が浮かんだら，ただちにそれをストップして，また外側の区域に注意を集中する作業に戻るようにしてください。

　次に，音によって外側の世界に注意を向けてみましょう。目を瞑ってください。そして聞こえてくる音に注意を向けてください。それが何かとか想像するのでなく，今，耳に入ってくる音に，ひたすら注意を向けることに専念しましょう。今まで気づかなかった音の世界が広がることでしょう。そうしている間に終了時刻や帰りの寄り道のことが頭に浮かびそうになったら，ただちにそれをストップして，音に専心してください。

注意
- 目，耳，舌，皮膚，鼻を使って，外の世界について，この瞬間の感覚データに注意を向けます。そして，できれば言葉にします。
- 意識を自分自身の皮膚の外にあるものすべてに限定します。
- 次々に注意が向かう色や形を単純に細かく描写するよう努めます。たとえば「今，私は，あなたが胸に手を置いているのをみます」というように。

　さて，このワーク（作業）はあなたにとって，どんな経験になったでしょうか？　気づいたことはどういうことでしょうか？　下にメモしてください。

7章　心身一如　—心から身体へ，身体から心へ—

> **体験報告**

○見ているものについてあれこれ考える習慣があるみたいで，見ているものにだけ注意を集中するのは新鮮な経験だ。
○目をこまかいところに向けると発見がある。壁にあんな装置がついているなんて知らなかった。
○筆箱の中にごみがいっぱいあることが発見でした。普段，関心がないことがほとんどで，必要になってはじめてよく見るのですね。
○桜の幹って面白い模様があることに気がついた。けれど面白いなって気持ちは外側の区域ではないでしょう。なので，直ぐに枝や葉の細かいところに目を移していって，とても忙しい気持ちになった。忙しいなって感じは心の状態で，外側の世界ではないですよね。
○ぼんやり見て，ぼんやり考えていることが普段は多いなと思った。

> **解　説**

　注意を時々刻々の外側の区域に向けると，普段は気にも留めずにいた世界を発見することができます。そうすると，いつも見慣れたつもりでいた光景が，新しい世界として意識の中に表れることでしょう。このように私たちはそこに注意を向けることによって，世界を知覚して気づきの世界を構成しているといえるでしょう。
　外の区域にだけ注意を向けつづけることが容易でないことも気づいたことと思います。ともすると，私たちは外の世界から引きこもって自分の想像や考えにふけって，現実には存在しない不安や悩みに時間を費やすことになります。
　私たちは心配事があると，外側の区域に注意を向けることができなくなります。そして思わぬ見落としや失敗をしてしまいます。そこで，もしも心配事があっても外の世界に注意を向け続ける努力をするなら，そのとき心配や不安が低くなる，それにとらわれずに生活できることに気づくでしょう。

> **トライ2**

　このワークのテーマは，内側の区域への気づきです。目を閉じて，自分の体の感覚に注意を向けてみましょう。首から肩の辺りに緊張感がありませんか？　緊張を感じたら首と肩を動かして緊張をほぐすように試みてください。力が抜けるのを感じましたか？
　次に椅子にかけたお尻の辺りに注意を向けてみてください。椅子がお尻を押している感じに注意を向けてみましょう。次に足先や脚の感じに注意を向けてみてください。そして力が入っていることに気づいたら，軽く動かして力を抜いてみましょう。続いてお腹や腰

のあたりに注意を向けましょう。

このように体のいろいろな部分に注意を向けていきます。そして感じることを言葉に出して言ってみてください。「今、私は肩から背中のあたりに緊張を感じています。それが少し緩むのを感じています。今度は足首のあたりに注意を向けています。涼しい感じがあります」というように。

注意
- 内側の区域とは、身体の感覚の区域のことです。
- 身体の状態への感覚的な気づきを言葉にします。
- たとえば「今、私は、口が乾いているのを気づいています」や「今、足の先が靴に圧迫されているのを気づいています」というように。

さて、このワーク（作業）はあなたにとって、どんな経験になったでしょうか？　気づいたことはどういうことでしょうか？　下にメモしてください。

体験報告

○身体の感覚は忙しくないゆっくりな感じで、じっくり感じに注意を向けることができた。
○首に注意を向けたとき、「あ、私は今緊張している」と気がついた。心と身体が一緒だとわかった。
○右の足首を捻挫しているので、そこばかり気にしていたけど、左足も疲れているなとわかった。それに首にも余計な力が入っていて、全身でかばっているみたいで、『身体はえらい』と思った。
○不思議なことに、一箇所に注意を向けてそこの力を抜くと、他のところも力が入っていることがわかり、そこも力を抜いてみた。全身が楽になった。
○普段、身体を忘れているなと気がついた。

解　説

普段、私たちは外の世界の出来事に注意を奪われて、そのときどきの身体の状態は気にも留めずに生活している傾向があります。いわば忘れているといってもよいでしょう。たとえば腰や肩にかすかな張りの感覚が起こっても、その段階では意識を向けることを忘れているようです。そして身体の負担が非常に大きくなってはじめて、身体に注意を向ける

7章　心身一如　－心から身体へ，身体から心へ－

ことになります。

　この章の「心身一如」は心と身体の相互的な影響を表現したものです。心理状態は身体に表れるものですから，身体に注意を向けることは自分の心に気づく手がかりにもなります。腰に張りを感じることで心の緊張を自覚できます。身体がどうなっているのかということは，私たちにとって重要な経験の世界を構成します。身体に注意を向けることによって，身体が新しい世界としてあなたの意識の中に現れることでしょう。

トライ3

　このワークのテーマは，中間の区域への気づきです。あなたが子どもの頃の叱られた経験を何か1つ思い出してください。どこで，どんなことをして，誰から，どんなふうに叱られたのですか？　そのときの情景を思い浮かべ，そのときの気持ちを想像してから，以下の質問に答えてください。

1．思い出や想像にふけっているとき，外側の区域は，どうなっていますか？　物がはっきり見えていますか？　何か聞こえていますか？

2．思い出や想像にふけっているとき，内側の区域（身体の感覚）はどうなっていますか？

3．あなたの想像や空想はどのようなものでしたか？

体験報告

○小柄で気の小さい男の子をからかってたときのことを思い出して，懐かしい気持ちとごめんなさいの気持ちになっていたら，教室や周りの人の姿が遠くにかすれたようになった。そして，気がついたら首に力をいれていた。

○父が病死した。5歳だったからよく覚えていないけど，それからの苦労を思い出したら，目の前に何も見えなくなった。代わりに想像の父の様子がありありと浮かび，その顔が

叱っている顔だった。涙がでた。
○先生に叱られてばかりいた。何で叱られたかは不思議に思い出せないが，悪い子だった。夢のように情景が浮かんできた。我に返ってみると，今の自分は結構よい子をやっているなと思うし，先生もやさしすぎるなあ。もっと叱ってくれてもよいかな。身体には注意が向かわなかった。
○中間の区域をしている間に外側の世界が何度も顔を出した。けれど身体のことは忘れていた。叩かれた頭が痛かった思い出だった。

解説

風の音や木々のゆれのような外側の世界の知覚ではなく，また首の張りや腹部の痛みのような内側の気づきでもなく，それらの感覚から引き出される想像や解釈などを中間の区域とします。外側の区域から中間への意識の流れは，風の音（外側）を聞いて旅先の防風林のイメージを浮かべ，誰かが胸を押さえている姿（外側）を見て，悲しみを耐えていると想像するような場合です。また内側の感覚から中間の区域への意識の流れは，たとえば，首のあたりに違和感がある感じから，今，自分は緊張しているのだと思うような場合です。

トライ4

このワークでは，外側と内側と中間の3区分を順に経験します。まず瞑目してください。手は膝に置きましょう。そして，聞こえてくる音に耳を傾けてください。誰かの声が聞こえますか？　鳥のさえずりが聞こえますか？　話の内容を判断したり想像したりはしないでください。想像は中間の区域になります。音そのものに注意を向けて，音を追ってください。誰にも聞こえる音は外側の世界です。その音に自分流の意味付けや想像をすると中間の区域になってしまいます。

次に，あなたの身体に注意を移してください。膝が手の温かさを感じていますか？　その感じに注意を向けてください。肩から腕のあたりに注意を向けてください。力が入っているのを感じたら，力を抜いてみてください。はいそうです。今，気分はどうですか？　くつろいで穏やかな状態でしょうか。

次に，これからの予定を考えてください。何かレポート課題があるのでは？などと考えることに集中してください。そして，今，何か考えようとすると，回避したい気持ちが起こってきませんか？　回避したくなったら，別の想像や空想に移ることを許してあげて，意識の漂うままにしてください。

この経験を簡単にメモして，続けて，次のワークに入りましょう。

7章 心身一如 －心から身体へ，身体から心へ－

トライ5

このワークでは，判定者と組んで，2人で協力して3区分を実際に声に出してやってみましょう。2人が向き合い，一方が次々に気づきを話し，他方がそれを聞いて，内側，外側，中間というように判定する方式でやってみましょう。

たとえば，次のように，

A：桐の花の1つが見えています	B：それは外側
A：美しいと感じて	B：中間
A：彼に見せたい	B：中間
A：腹が減った，もうすぐ昼だ	B：内側から中間へ
A：空想してたら先生と目が合った	B：中間から外側へ

注意
- 実際の五感から入力される感覚情報は外側あるいは内側の情報で，それから想像され，推測される事象が中間の領域です。
- したがって，基本的表現形は，「今，私は…に気づいています。そしてこれは…を意味すると想像します」です。
- たとえば，音声を消したTVの前で「この人の目が赤くなっている。きっと悲しいのだと想像する」というような表現になります。
- 中間の区域は，思考，想像，想起，計画立案などの抽象活動です。
- 実際に感覚として見たり聞いたりする外側の事象と身体で感じる内側，そしてそれらの事象を基にして空想したり想像したりする中間の事象を明確に識別する態度が重視されます。

体験報告

○友達から指摘されると，なるほどそうだとわかる。
○友達の判定が遅れたり，曖昧だったりしたので，こちらのワークが切れ切れになった。
○判定も結構難しいことがわかった。

○要するに，五感で直接に感じたのが外（耳，目，鼻の感覚）と内（皮膚や筋肉の感覚）で，それらから想像したもの，つまり自分だけの世界が中間ということだとわかった。

> **解　説**

　ゲシュタルト療法が中間の区域と呼ぶ心理活動は，要するに，思考，想像，想起，計画立案などといった，もっとも人間らしい高次精神活動のことに他なりません。この区域の活動のポジティヴな面ではアイディア，創造，知的生産といったものが人間の生活を豊かにしているのですが，その後ろには被害妄想，否定的自己概念，自信のなさ，迷い，不安と恐怖などといったネガティブな面が座を占めていて，人々を苦しめることになります。悩みは，そうした現実には存在しない中間の区域の活動であるにもかかわらず，現実のもののように錯覚することが問題となるのです。

　ゲシュタルト療法はパールズ（F. Perls）によって開発された治療理論・技法で，「今，ここ」での感覚に注意を向け，「あのとき，あそこで」といった，現実には存在しない，頭の中の過去や未来へのとらわれから自分を開放するように援助し，不安や悩みを乗り越えるのを促進します。パールズによれば，神経症的な苦しみは，現実から逃れるための想像上の，空想上の苦しみであるといわれます。

2　呼吸の調整

> **トライ**

　目を瞑ってください。そして呼吸に注意を向けて，静かにゆっくりした呼吸をするように心がけましょう。静かに深く吸って，一旦とめて，時間をかけてゆっくり静かに吐いていきます。

　息を吐くとき，一緒に身体の力を抜いて，緊張感も出て行くようなイメージをつくるようにしてください。

　緊張状態のとき，怒りをためているようなときは，とかく呼吸が円滑さを欠いて速くなりがちですが，できるだけ静かな呼吸になるようにしてください。しばらく続けてください。

　さて，静かに呼吸していると，どのような心理状態になるでしょうか？　落ち着いてきたでしょうか？　あなたの体験をメモしてください。

7章　心身一如 －心から身体へ，身体から心へ－

体験報告

○深く呼吸すると安心感のようなものがわいてくる。これはゲシュタルト療法の注意の3区分でいうと，内側から中間への流れだと思う。
○最近，いろいろな苦しいことが重なっているためか，静かに楽に呼吸することがやりにくかった。
○腹式呼吸はこのような深い呼吸をさせて，気持ちの安定を誘う方法かもしれないと思った。
○ゆっくり深い呼吸をしていたら，眠くなってしまった。

解　説

　私たちは呼吸を意識することはめったにありません。意識したり，意図しないで，ごく自然に呼吸しています。その意味で呼吸は自動的で無意識的であるといえます。
　ところが意識を向けて呼吸を数えることもできます。そして意図的に大きく呼吸することも小さく静かに呼吸することも，ある程度はできるでしょう。意図的に腹筋を伸ばせば深い腹式呼吸ができるでしょう。つまり随意活動でもあるわけです。しかし止めようとしても苦しくなって再び呼吸することに通じます。さもないと死に通じることになります。意識的な調整ができる不随意活動ということになります。
　心臓はどうかというと，よほど注意深くしないと鼓動に意識を向けることも，数えることもできません。ましてや意図的にペースを調整することは普通はできないことです。心臓の鼓動は意識の介入の困難な不随意活動であると言えます。
　呼吸が心身健康法の重要な鍵となるのは，実に意識的制御と無意識的制御の両面の性格を備えている点にあると言えます。気分はマイナスのとき，高揚しているとき，自ずと呼吸に表れます。つまり呼吸は心身状態のバロメーターになります。そのとき，何らかの方法で呼吸を調整することによって，心身状態をよい状態にすることができるでしょう。

3　筋緊張と筋弛緩

> トライ

　筋弛緩の練習をします。椅子に浅く腰をかけた状態で，両手をぶらりと下げてください。そして右手（あるいは左手）を力をいれて握ってください。しばらくその状態を保持して，そして一気に力を緩めて，だらーんとしてください。

　もう一度やりましょう。はい，右手を強く握って，5〜10秒間ほど保持して，そして力をさっと抜きます。それと一緒に気持ちも楽にしてください。できましたか？

　今度は左手に力をいれて握ってください。しばらくその状態を5〜10秒間ほど保持して，そして一気に力を緩めて，だらーんとしてください。

　もう一度やりましょう。はい，左手を強く握って，5〜10秒間ほど保持して，そして力をさっと抜きます。それと一緒に気持ちも楽にしてください。できましたか？

　次に，全身の緊張と弛緩を経験してみましょう。その前に，腰痛持ちの人や身体のどこかに筋肉系の病気を持っている人がいませんか？　そういう人は，無理しないで，ほどほどに力を入れるようにしてください。

　まず，両手を強く握ります。それとともに腕にもお腹にも腰にも力を入れてください。足は床を押すようにして，首にも力を入れてください。はい，5秒間ほどで，一気に脱力しましょう。力を入れている間に呼吸は止められていたと思いますから，脱力とともに自然に息を出し，それから静かな呼吸になったことでしょう。

　もう一度やってみましょう。浅く腰かけた状態で両腕を下げ，全身の力を抜き楽に呼吸します。次に，両手両腕とともに全身に力をいれて小さくします。5秒間ほどして，一気に力を抜きます。さて，どういう心身の状態を体験できたでしょうか。

　この体験についてあなたの感想を簡単にメモしてください。

> 体験報告

○リラックスできた。
○何となく気分がよくなりました。

○自然に落ち着くことができた。普段の生活でも応用できそうだ。
○いろんな思いと一緒に身体の様子を見ている感じで，奥が深いなと思った。
○もしかして，禅はこういう感じなのかな？
○苦しくなった。かえって身体が固くなってしまったみたい。
○辛く悲しい経験を思い出してしまって，身体の力がなかなか抜けなかった。

解 説

　私たちは苦しいときには口を固く結び歯を食いしばります。そのとき全身の筋肉にも力が入っているのです。ところが気持ちがゆったりしているときは全身の筋肉も弛緩しています。つまり，筋肉の緊張と弛緩も呼吸と同様に気持ちの動きにつれて自然に変化します。

　筋肉は，呼吸と同様に，いつの間にか緊張し，弛緩し，意のままにはなりませんが，同時にまた意図的にも調整できます。したがって筋弛緩法によって心身を調整することができるのです。

　筋弛緩法とか系統的脱感作（減感作）法と呼ばれる技法が，不安に対処するためにカウンセリングと心理療法において用いられます。

4　手のひらのぬくもり

トライ1

　両手を前に上げて，手のひらを開き，合掌の姿勢を作ります。しかし手のひら同士は密着させずに，間を少しだけ空けて，間にある空気を包むようにします。左右の指の間に紙2～3枚が挟まるような狭い距離にとどめて，そのままでいてください。何を感じますか？

　そうです。右手の体温が左手に伝わって，反対の左手の体温が右手に伝わって，温かさが感じられますね。左右の手が互いに暖めあっていることがわかるでしょう。では，少しずつ離してみましょう。距離が遠くなると，温かさを感じなくなるでしょう。また近づけて，間の空気を通して，温めあうようにしてください。

　さて，あなたの心は，今，どのようになっていますか？　心身ともにリラックスして落ち着いた穏やかな心の状態になっているのではありませんか。

注意
・手のひらを少しだけ上に引き上げて，2つの手のひらの間に静かに呼吸が流れていくようにすることもできます。そうすると，温かい空気が行き交って，いっそう温かさ

を感じることができるでしょう。
- 静かな落ち着ける場所で実施することがよいのですが，このワークをすることによって，静かな雰囲気になるでしょう。
- 身体に注意を向けながら，心理状態，とくに気分や感情の流れにも注意を向けるように試みると，怒りや悲しみのような否定的感情がいくらか緩和され，問題にとらわれた状態から解放されて問題に距離をおくことができるのを感じることができるかもしれません。

続けて，次のトライに入りましょう。

トライ2

隣の人との間で，こちらの右手と相手の右手の間で手のひらを近づけ合ってみてください。着くか着かないかの狭い間隔を保ってください。どうですか。やはり温かい空気を感じることができるでしょう。

試みに2人の手のひらをぴったり着けてみてください。どうですか？　次に距離を離していきましょう。どうですか？　人と人との関係について何かヒントが浮かびませんか？

注意
- 2人の手のひらの間に狭い空間を作って，閉眼し，手の感覚に注意を集中して，次に静かに開眼して相手を視野に入れて，相手の印象に注意を向けると，穏やかな感情が動くかもしれません。
- 密着する人間関係とこの2人の間の手のひらの関係を象徴的に対比してみましょう。何が感じられますか？

このワークの感想を以下にメモしてください。

体験報告

○両手を合わせているとなんだか安心した。手を離すと手が寒いと感じて安心でなくなる感じがした。

○両手を紙一重で合わせているときは，ぴったりくっついているより，温かさや存在感を敏感に感じた。

○自分の手のひらの温度をすぐに感じることができた。直接触れているときとは違う，芯

7章　心身一如　－心から身体へ，身体から心へ－

　に響くようなじんわりとした温かさがあり，心が安らぐような気がした。
○手のひらを隣の男の学生と合わせるのは抵抗感がありました。ごつい手でしたが，我慢して着かず離れずの距離を続けているうちに確かに温かい空気が伝わってきて硬い構えがほぐれることに気づきました。相手も私が困っているのを気がついたみたい。
○隣にいた友人と手のひらを向き合わせるのは少々恥ずかしかったが，やってみると自分の手のひらから感じられる温かさとは違うぬくもりを感じた。
○体温の違いがあるかな？　女の子の体温は冷たい気がした。
○少しの距離があることが恋人との関係でも大切だと気づいた。相手にぴったり合わせてしまうと，ぬくもりが感じられなくなった。
○人間は1人ひとりが独立していて，そして誰かに側にいてほしいと求めているのだ，べったりは嫌だけど離れすぎもさびしく感じるのだ，そういう哲学的なことを考えた。

解　説

　手のひらは，人間を理解する際に重要な身体の一部として，興味深い探求の対象でもあります。宗教における祈りには，いろいろな手のひらの形や位置が特別な意味を表すサインとして用いられます。指を立てて手のひらを胸の前で合わせる合掌，胡座を組み両手の親指を着けて他の4指を向かい合わせる形，さらには指を折りまげて固く組む形など，いろいろですが，それぞれに心にかかわる深い意味と結びついているようです。

　また，手のひらは心の動きを敏感に反映する部分として，うそ発見の電極をつける場所にもなります。手のひらは顔と同じく緊張したときなどに汗をかきます。それと共に電気対抗が変化し，電位変化が表れます。それを利用したのが皮膚電気反射として，あるいは皮膚電位反応として記録されるのです。

　このワークでは1人で手のひらを近づける方法と2人の間で近づける方式を用いてみました。自分の手のひらを近づける，あるいは合わせる経験は，自己に向き合う姿を象徴的に表すものと思ってよいでしょう。自分の両手を合わせるのは自分の気持ちをどう受け取って自分の中で整理するか，つまり自己内対話を象徴的に示すと考えることができます。

　このワークでは，筆者が座禅の体験からヒントを得て両手のひらを近づける方法と他者との手のひらの関係づくりの工夫を取り入れました。これは，自分と他者，あるいは自分と課題との関係のあり方を象徴的に示すことをねらいとしたものです。このワークを通して，自他の関係を考える手がかりになればよいと願っています。

参考文献

ジェームス・オールダム，トニー・キー，イゴール・ヤーロ・スタラック（岡野嘉宏訳）（1992）
　『ゲシュタルト・セラピー　自己への対話』社会産業教育研究所

8章 想定書簡法
－自己カウンセリング演習－

> 日本人は読み書きの能力に優れていて，手紙で心を伝えることが好きな国民です。この章では，対面して話し合う話し手・聴き手のコミュニケーション方式でなく，手紙という形式によって，書いて読む書記的方式による自己カウンセリングを提案します。この章に参加する人は，自分がクライエントとなり，優しく理解し温かく支えてくれる身近な人を想定上のカウンセラーとして，自分の心を開き，自分の心に耳を傾け，自ら問いかけ，聞こえてくる声に耳を傾けるという，そうした自己内対話を経験することによって，自分の思考と感情の流れを受け止め，個性を受け入れ，少しでも生き方を変えようとすることができるでしょう。それは，結局は自分に対してカウンセリングを行うことでもあります。自己カウンセリングに取り組んでみましょう。

1　投函しない手紙を書いてみよう

　この心理作業（心のワーク）は白紙を使って実施します。A4かB5の白紙と筆記具を用意してください。静かな場所でじっくり時間をかけて落ち着いて取り組めるようにしたいので，電話や雑音のない静かな環境になるよう工夫してから実施に移りましょう。
　集団で実施する場合は，互いに見せ合ったり相談したりしないこと，各自が自分の作業に集中して取り組むように指示します。

トライ1

　目をつむって，静かな気持ちになってこれからの作業に取り組んでください。あなたはこれまで，いろいろな人と出会ってきたと思います。想い出してみましょう。あなたのこれまでの人生で出会った人々の中で，あなたの気持ちをやさしく理解し，あなたを温かく

8章 想定書簡法 －自己カウンセリング演習－

支えてくれた人は誰でしょうか。なかなか浮かばない時は，比較的そういう感じの人に決めてください。また，誰にしようか迷う場合は，「やさしく理解し温かく支えてくれた」という言葉を聞いて自然に最初に浮かんだ人に決めるとよいでしょう。今は交信のない人でも，またすでにこの世にいない人でも構いません。その人との思い出を探って見ましょう。

次に，あなたがどんな生活をしているのか，そしてどんな気持ちでいるのかを，その人に宛てて『今，私は…』で始まる手紙で，伝えてください。

この手紙は投函しません。書いて自分の手元に置くものです。自分の気持ちを書いて理解することが目的ですから，率直に気持ちを表してください。時間は好きなだけ使ってよいのですが，集団の中で各自が自分のペースで実施する場合はおよそ20分程度を見積るとよいでしょう。手紙を書きながら，自分の心の状態がどのように変化するかに注意を向けてください。最後に，結びの言葉とあなたの名前を書いてください。

さて，やさしく理解し温かく支えてくれた人に宛てて，今の生活と考えを伝える手紙を書き終えた今，あなたはどのような心の状態でしょうか？ 手紙を書いた今のあなたの気持ち（考えや感情）を下の枠にメモしてください。

2 その人から，私へ

トライ2

さて，あなたから優しい理解者への投函しない手紙を，声に出さずに目で読み返してください。そして，返信のワークに移りましょう。

その線の下に，これからの書く作業を行います。あるいは別の紙面でもよいでしょう。

さて，今度は，その人があなたの手紙を受け取ったと仮定しましょう。その人はあなたにどのように応えてくれるでしょうか？

あなたがその受け取り人になってください。そして，その人からあなたへの返事を，その人になり代わって，書いてください。

1人で実施するときは，どれだけ時間をかけてもよいのですが，集団の中で各自が行う

【往 信】

　　　　　　　さんへ

　　　　　　　　　　　　　　　　　　　　　　　　　　　　　　　より

【返 信】

　　　　　　　さんへ

　　　　　　　　　　　　　　　　　　　　　　　　　　　　　　　より

図 8-1　想定書簡作成用紙

8章　想定書簡法　－自己カウンセリング演習－

実施法の場合は，時間はおよそ10分程度にしましょう。
　そして，今，どういう気持ちですか？　下に簡潔にメモしてください。

3　体験の振り返り

　このワークは，あなたにとってどのような経験になったでしょうか？　振り返ってみましょう。まず，あなたからやさしい理解者への手紙を書きましたね。どんな内容でしたか？　今のあなたの状況と気持ちが表現されたことでしょう。それを書いているときのあなたの気持ちはどのようでしたか？

　そして，その人からの返事を書きましたね。その人になったつもりで，自分に宛てた手紙を自分で書くという作業は不思議な経験になったことでしょう。

　このように受取人を想定し，その人に宛てて自分の気持ちを表現し，次にその受け手からの返書を想定して自分で書くという作業を想定書簡法と呼ぶことにしています。

　想定書簡法の体験があなたに引き起こした心理的影響を査定してみましょう。この本の付録に，現在感情気分評定20（139頁）と想定書簡体験の振り返り票（140頁）があります。それに記入してみてください。

　現在感情気分評定では，肯定的感情が促進されるとともに否定的感情が弱められることを体験した人が多いと思います。多くの人は想定書簡法によって楽しい思い出ややさしくされた経験を想起して安定感を得ることができます。

　しかし，中には肯定的感情が弱まり否定的感情が促進された人もあるでしょう。その人は，想定書簡によって苦しい辛い経験を想起した可能性があります。自己の心への対面は苦しい経験になることがあるのです。そのような経験は，自己直面化による深い自己理解を導いてくれるでしょう。辛い気持ちが残っていたら，大きく息を吸って静かにゆっくりと息を吐くことを繰り返して，それとともに緊張や不安や怒りが出て行くのを感じるようにしてください。

　想定書簡体験の振り返り票では，「こういうふうに思っていたのだとあらためて気づいた」や「自分の本当の気持ちに気づいた」といった自己への気づき，「素直に自分を出せた」や「すっきりした」といった自己表出感，「自分のよい面に気づいた」や「自分なり

に目標に向かってやっていける気がした」といった自己肯定・自己可能感,「周囲の人と自分とのつながりについて考えた」といった結びつきの理解と感謝などが,自然に実感をもって浮上したことが自覚できるでしょう。

　想定書簡法を実施した後の現在感情気分評定と想定書簡体験の振り返り票は,この経験を振り返って整理する手がかりになるでしょう。

　さて,あなたの場合はどのような経験になったでしょうか？　もしも明るい気持ちが確認できたら,その気持ちを今の生活に活かしてください。また辛い気持ちがあるなら,可能な気分転換を図ってください。

体験報告

　想定書簡法のワークに参加した学生たちの感想として,典型的なものを以下に紹介します。

○すんなり自分の気持ちを書くことができた。相手からも手紙は励ましてくれる内容で,うれしかった。

○私が高校時代に癌で亡くなった祖母に宛てて手紙を書いた。言いたいことも言えずじまいだったし,私にとっては物心ついて始めての身内の死であった。書いている間,祖母との思い出がわいてきて授業中なのに涙が止まらなくなった。そしてとくに言いたい気持ちを書いていると時間の経過がとても早く感じられた。書き終わると伝えきったという達成感のようなものに包まれ,安堵感が押し寄せてくる気持ちがした。次に祖母になって返事を書くときは意外にスムーズに書けることに少し驚いた。読み返してみると,自然と自分の言ってほしいことを書いていることに気づいた。自分に戻って読み返してみると,理解してもらえたという心の安らぎを感じた。

○母に宛てた手紙になった。普段から思っていることでも,たいていは自分の中に仕舞い込んだまま表現する機会もなかった。その思いが手紙にして書くことによって鮮明になった。自分の本音が一番出せたワークだった。手紙にして書くという行動は本当によかった。自分に溜まっている思いをどう処理すればよいか,どう対処すればよいかを学んだ気がする。

○自分の悩みに自分で応えるというのは悩んだときには誰もが心の中でよくやることだと思うが,それを実際に紙に書いてみて,そして読み直してみて,カウンセリングはこういうことなのかなと思った。誰もが無意識のうちに繰り返していることで,それが自分と自分でなく,自分とカウンセラーになることなんだと気づいた。なんだかカウンセリングの本筋が感じとして摑めたような気がした。

○小学校の時お世話になった,今は亡くなってしまった先生への手紙を書きました。この先生のお陰で私は今の自分があると思っています。そしてその先生からの励ましの言葉

8章　想定書簡法　−自己カウンセリング演習−

を書いていると，周りの人がいるのに，涙が止まらなくなり，困りました。そしてこれからしっかりやろうと決心しました。
○私は自分に自信がなくて自分の考えをいうことができない子どもだったのですが，先生が上手に雰囲気づくりをしてくれて，やっと自分の考えを言うことができました。実は私の答えは他の人と違っていたのですが，先生は『他の人と違う意見をいえたことはとても勇気がある』と認めてくれ，そのことを思い出して涙が出そうになりました。今，このことをどうして思い出したのかなと考えてみて，誰かに私を理解してほしいという願いがあるのかな，と気づいたような気がしました。
○本当に優しくされた思い出がないので，困っていると，先生が10年後の自分に宛てて書いてみるのもいいよと言ってくれたので，復活したことにして10年後の自分に今の私を書いてみた。不思議にすらすら書けて，このまま生きていくのだろうと考えた。そうするうちに優しく支えてくれる友達が現れるかもしれない。
○優しく理解し温かく支えてくれた人はどうしても思い浮かべることができなかったから，仲のよかった唯一の友達，猫の太郎に手紙を書くことにした。そうしたら，気持ちが温かくなってきて，その上，太郎から「本当は君が拒絶しているだけだぞ，お母さんはいつも君のことを心配していたんだぞ，それに酒ばかり飲んでいたあの男だって，君からひどい反抗をされても，我慢して酒を飲んでいたじゃないか」って叱られてしまった。もう少し待ってくれ，ちゃんとするからって気持ちになった。

解　説

　想定書簡法は個人の自己内対話をガイドするもので，個別でも集団の中でも実施することができます。以下にこの方法の誕生の契機と基本的特徴を見ていくことにします。

1）ある学生相談ケースの場合

　ある夕刻，1人の女子学生が予約なしに相談室を訪れてきました。何か苦しい状況に追い込まれたようで，話し出してすぐに声が詰まり，泣き崩れてしまいます。その様子は，今すぐにも，じっくりと話を聴く必要があると判断されました。しかし，あいにくカウンセラーは学内の重要な会議を控えていて，ごく少しの時間しか割けないときでした。
　地方出身で，都会の今の生活にはまだ本当に信頼して相談するような友人は身近にいないように思われました。そこで田舎に暮らす両親のことに話題を向けると，かすかに表情がほぐれるのが感じられました。
　そこでカウンセラーは「今のあなたの気持ちをやさしく理解してあなたを温かく支えてくれる人はだれでしょうか？」と訊ね，「その人に宛てて手紙の形であなたの今の気持ちを書いてください，少ししたら必ず戻ってきますから，待っていてくださいね」と頼みま

した。こうして彼女はカウンセラーが会議の途中で戻るまで，苦しい体験を綴って待つことになりました。そして，およそ35分ほどして戻ったカウンセラーは，鉛筆の文字と涙で埋まった用紙と安定を取り戻しつつあるクライエントの表情を見ることになりました。

　手紙の相手は田舎に住む母親でした。カウンセラーはその手紙の内容について話を聞いた後，「もし，この手紙を読んだら，おかあさんはどういう返事をくれるだろうか」と問いかけたところ，クライエントは自ら鉛筆をとって返事を書く様子を示しました。結果として返事を想像して書く作業が，この学生のアイディアで行われたのです。こうしてクライエントは苦しい思いを母親に宛てて開示し，それに対する母親からの慰めと励ましの言葉を想像して自分で返書を書き，情緒的混乱を緩和することができたのです。カウンセラーはそのための機会と場の設定をしたことになったといえるでしょう。

　この学生はその後のカウンセリングによって対人行動の調整と情緒安定を回復し有意義な学生生活を送ることができました。

　この出来事は筆者に想定書簡法の研究を導くことになりました。筆者はそれまでに，書いてきたメモを見ながら話す，あるいはカウンセラーに見せるなど，書記的ワークを自発的に用いるクライエントをたびたび観察していました。またクライエントに対して行動の記録や生活経験を書いてみるように勧めることがありました。

　しかし，先の学生相談事例はいくつかの点で特徴的です。第1に，クライエントは生活の中の理解者に向けて自分の生活と心理を開示しています。カウンセラーという生活上は交流のない専門職に対してではありません。第2に，クライエントはその相手から予想される自分宛ての応答を自分で書いていることです。実際の生活上の人物やカウンセラーからの返信ではありません。第3に，想定された受信人との関係やいきさつに関する内容よりも，書き手の今の生活と心情の全般にわたる主題が開示され，受信人から傾聴と温かい理解が伝えられます。これらが想定書簡法の中心的特長となります。

2）集団実施の場合

　カウンセリングの研修会などの機会に集団個人法（学校の教室など集団場面で，個人個人が実施する方法）で想定書簡法を実施することができます。そうした場合，主に次のようになることが多いでしょう。

　＜実施の様子＞

　誰に書こうかと想定書簡の対象を決める時点から，静かに内省する様子が各参加者にみられ，全体に静かな雰囲気で書簡を書く作業が行われます。そして10分経過する頃から，思い出にふける様子，涙ぐむ者，鼻をかむ音が聞こえるなど，感情のゆれが観察されることでしょう。開始後15分経過する頃から書き終える者が出てきますが，教室は静穏に保たれます。所要時間20分が学生の実施の目安となります。

8章　想定書簡法　－自己カウンセリング演習－

＜体験の記述＞
想定書簡法に参加すると，次のような影響が起こることが報告されています。
①どうすれば自分の抱えている問題が解決のスタート点にできるか明確になった。
②自分の感じていることがはっきりし，解決に向けて頑張る気がわいてきた。
③懐かしく胸が熱くなった。私のすべてを肯定してくれると信じられる相手からの手紙を書いて，その返事に酔った。しかし恥ずかしさや気まずさはなく，自分が書いたという気がしない。そして苦しいことも頑張って乗り切ろうという気になった。
④自分の気持ちを書く前後の気分の違いに驚いた。明るい気分で積極的に取り組める気がした。返事のほうはいろいろなことを考慮したので難しかった。
⑤自分が今本当にしたいことに気づいた。次に返信を書きながら自分が大切にされていると思い，幸せを感じた。どちらを書くときも涙が出そうになった。
⑥言葉にしたり書くということはそれだけ力を持つ。自分に言い聞かせる面で有意義だったが，自分の中で考えているだけだという気もする。
⑦本人が乗り移ったように書けたので，不思議だ。
⑧場のムードがよかったから，真剣に考えて，想像し，書くことができた。
⑨本当にこういうふうに励まされたら頑張れるだろうなと思った。自分で自分に悩みを打ち明けて，自分に相談にのってもらって自分が落ち着けたということか。
⑩日頃の悩みと考えを文にすることですっきりした。相手が自分に書いてくれるだろうというより，私が相手に期待していることなのだ。この作業はすべて自分自身に問いかけるものだから意味のあることだと感じた。自分を見詰め直すことができた。
⑪文にすると自分がどう考えているかとてもよくわかるし，温かい気持ちになれる。
⑫実際に手紙を書くときもカウンセリング的効果があるなと思うが，この体験は相手からの手紙を自分で書くことでカウンセラー的立場になり，完結できる点が興味深い。
⑬文章化することで自分の気持ちを整理できる。自分が言いたくて言えないことが書けて，実際に言ってもらったかのように書くことができた。

以上に示すように，参加者はこの経験を通して，温かい視線で自分に対面し，自己理解を深め，課題の解決に向けて自己動機付けをしたと見ることができるでしょう。

参考文献
福島脩美・牛久真理（2004）「想定書簡法の研究の経緯と展開」『目白大学人間社会学部紀要』vol. 3
福島脩美・高橋由利子（2004）「カウンセリングと心理療法における書記的方法」『カウンセリング研究』36(3)

9章 カウンセリングを模擬体験する

前章では，やさしく理解し温かく支えてくれた人という，日常生活の中のカウンセラー的性質を持った人に向けて心を開き，その人からの想定上の応答を書くことによって，自分を理解する経験をしました。その経験を通してカウンセリングの本質に体験的に触れることができたことでしょう。この章ではカウンセリングの基本的枠組みについて学びながら，もう一歩カウンセリングに近い体験をしてみましょう。

1 カウンセリングにおけるクライエントの役割

カウンセリングは，クライエント，カウンセラー，そして両者の間の契約（一定の時間と場と役割関係など）という基本構造の下で，個人的問題の解決を動機づけられたクライエント（client；一般には顧客の意味，カウンセリングでは来談者の意味）に対して，専門的訓練を積んだカウンセラー（counselor）がクライエントの主体的取り組みを側面から援助する過程です。いわばクライエントが主役で，カウンセラーは舞台を整えてスポットライトを当てる役，あるいは舞台に上って黒子や脇役となって引き立て役を演じることになります。

トライ1

あなたがクライエントになってクライエント経験を体験してみましょう。自分の個人的問題の解決を動機づけられた人という意味では誰もがクライエントになることができると言えるでしょう。ここでは，次のようにして，クライエントになってみましょう。

今，あなたの生活を振り返ってみて，気になっていることや自分の課題かと思うことが何かありませんか？　ちょっとしたことでよいのです。たとえば，朝起きるのが辛いとか，

9章　カウンセリングを模擬体験する

出たくない授業があるとか，仕事先の人間関係が気がかりだとか，強引な勧誘を断るにはどうしたらよいか，友人と不仲になって困っているなど，たまたま頭に浮かんだことを書いてみましょう。書いたものは特に誰かに見せる必要はありませんから，気軽な気持ちで，思いつくままに書いてください。

トライ2

　さて，生活を振り返って，気になっていることや自分の課題かな？と思うことについて，頭に浮かんだことを書いてみたわけですが，書きながら，どんな心の動きを体験したでしょうか？　戸惑いやためらい，一旦書いた言葉を消したり，別の言葉で言い換えたり，筋道を書き換えたりしたことはなかったでしょうか？　あるいは書くには書いたけれど，気が重くなったり，不愉快な気分が残ったということはなかったでしょうか？
　書きながら，どんな心の動きを体験したでしょうか？

体験報告

○「このごろお金にいいかげんになっている。郷里にいた頃はこんな無駄遣いなんかしたことがないのに」と書いて，親にすまないという反省の気持ちがわいています。
○自分に能力がないのではないかと書いた。英語の授業についていけない自分に失望している。
○彼氏のことが心配だ。でも口出ししないで！って言われてしまったから。でも言ってあげたい。
○最近，食事が乱れている。だんだん贅沢になってしまった。

> 解説

　自分の生活を振り返って，自分の課題かなと思うことを書いて表現する体験をしましたが，あなたの体験には，クライエントが体験する回避や抵抗が含まれる可能性があります。

　自分のことを話すことにためらいや迷いがあることはむしろ当然のことです。精神分析学はこれを意識化への抵抗としてとらえて解釈することによって，洞察を促進することを企図します。カウンセリング心理学ではそれを自己開示抵抗と呼び，自己理解への重要なヒントがそこにあると考えます。

2 カウンセリングにおけるカウンセラーの役割

　クライエントは自分のことを開示することに抵抗感を持つのは，むしろ，自然なことと言うべきでしょう。クライエントはカウンセラーの温かい視線と共感的理解の態度に励まされて，自分の経験を開示します。クライエントの自己開示はカウンセラーの応答技法によって受け止められ，さらなる自己開示と自己定位を促進することになります。ここで自己開示は自分の経験を表現して伝えること，自己定位は自分に目を向けることを指します。たいていの場合，自分の経験に目を向ける自己定位と自分の経験を表現して伝える自己開示はセットになっています。しかし，相手を責めることによって自分の不満な感情を表現する場合は，自分に目を向けずに自己開示していることになります。自分の側に不満感があってその感情にとらわれている自分に目を向けると，それは自己定位になります。では，カウンセリングにおいては自己定位を促進するカウンセラーの行動はどのようなものでしょうか。これから考えていきましょう。

> トライ1

　自分の書いたものを，カウンセラーという別の人の視点に立って，読み返し，書き手である自分に対して，カウンセラーとして応答することを次の観点から試行してみましょう。

1）理解したことを伝えて確かめる

　クライエントとしての『あなたの気持ちをカウンセラーとしてこのように理解しましたが，これでよろしいですか？』と，次の形式を使って理解を伝えて確かめてください。

　　①「あなたは……ですか（ね）」　　あるいは
　　②「あなたが言いたいこと（書いて表現したこと）は……ですか（ね）？」

9章 カウンセリングを模擬体験する

2）言い換える（ポジティブな視点とネガティブな視点）

クライエントが書いた言葉を言い換えてみましょう。たとえば，『友達がまだ2人しかできない』という否定的（ネガティブ）表現に対しては「これまでに2人は友達ができたのね」という肯定的（ポジティブ）表現に言い換えて，応答することができます。

すると，どんな気持ちが浮上しますか？　その逆の言い換えではどうですか？　考えてみてください。

3）敬愛の気持ちをこめて要約する，あるいは印象を伝える

クライエントに対する尊敬と愛情の気持ちをこめて，カウンセラーとして，クライエントの書いたことの背後にある思考や感情を「あなたの気持ちは，まとめるとこういうことですね」と要約する，あるいはクライエントの印象を伝えてください。

4）ねぎらいと励まし

カウンセラーとして，クライエントとしての自分の気持ちに温かい目を向け，思考と感情の動きを尊敬と敬愛の念を持って要約して理解を伝えた後には，自然にこれまでの歩みを全体として理解し，苦労をねぎらい，これからの歩みを励ます気持ちが起こることでしょう。カウンセラーとして，伝えてみてください。

理解したことを伝えて確かめる：

言い換える（ポジティブな視点から）：

敬愛の気持ちをこめて要約と印象を伝える：

ねぎらい，励ます：

3 書記的方法による自己カウンセリングの例

　カウンセリングとは，自分の個人的問題の解決を動機づけられたクライエントに専門的訓練を経たカウンセラーが，クライエントの自己理解と主体的問題解決を援助する働きです。この章では，最初にクライエントとして書く作業をし，次にカウンセラーとしてクライエントへの応答を書く作業をしました。これは書く作業によるので書記的カウンセリングであり，また1人でクライエントとなり，かつカウンセラーとなる作業ですから，書記的自己カウンセリングといえます。いわば，私のカウンセラーへ，そして私のカウンセラーから（to my counselor, and from my counselor）と表記することができます。

　この方法は，学校や研修会などで，集団個別法として実施する場合は，1人ひとりの参加者がカウンセリングの過程を個別に体験できる形態として，適切な研修方式となります。

　クライエントとして，

> 　生活を振り返ってみて：これは自分の課題かな？と思うこととして，特別に書くほどのことはないが，あえて言えば，自分の気持ちを出しにくいこと。誘われると，気が重いときも，嫌と言えなくて，飲み会に出たり，ゲームしたりしてしまって，だから結局は自分の気持ちを後回しにしてしまうこと。でも，たいした問題ではないのだけれど。
>
> 　書いてみて：たいした問題ではないよ，と思いたい気持ちがあるみたいだ。

　カウンセラーとして，

> 理解したことを伝えて確かめる：「あなたは，人に合わせてしまって，自分のことが後回しになっているのですね」
>
> 言い換える（ポジティブな視点から）：「あなたは，周りの人の気持ちを第一にしているということでしょうか」
>
> 敬愛の気持ちをこめて印象を伝える：「あなたは人にやさしくて，自分のことには遠慮している人だと思いました」

9章　カウンセリングを模擬体験する

ねぎらい，励ます：「気配りご苦労様，でも自分の気持ちも大切にできるとよいですね」

　この方法は前の章で取り扱った想定書簡法と方式が似ていることに気づいたことでしょう。想定書簡法も一種の書記的自己カウンセリングであるといえます。想定書簡法において各自が想定した「やさしく理解し，温かく支えてくれた」人物は生活の中のカウンセラーであるといえます。

体験報告

　書記的自己カウンセリングの作業は参加者にどのような体験として受け止められたでしょうか？　次のような感想が寄せられました。
- 自分で書いたことを別の人としてのカウンセラーになって読み返すことで，あらためて自分の状況や気持ちについて納得することができました。
- 自分がクライエントとなって，自分の課題について考えたら，暗い気分になってしまった。しかし，カウンセラーになって自分に対する温かい言葉をかけてみて，気が楽になるのを感じることができました。
- 自分の課題について書くと，現実の自分のことを考えることになって苦しかったけど，その後で肯定的なフィードバックをすると，問題が何とかなりそうな感じがして，楽になりました。
- カウンセラーとして自分の気持ちをとらえ直してみると，プラス思考になれました。そしてここまでやってきた自分を認めてあげてもいいと思うことができました。
- カウンセリングとはこういうものかという具体的なイメージができてよかったけど，本物のカウンセリングはもっと深いのかもしれない。
- カウンセラーに「こういう気持ちですね」と確かめられると，そうでないような気もするし，ああそうなんだと納得できる気もした。
- 敬愛という言葉のイメージがまだよくわかっていないと思うけど，何となくうれしい気分を誘ってくれるようだ。
- カウンセラーとは，君が間違っているよ，こういう面にも注目してください，と指示したり，助言したりすると思っていたのですが，そうでないような気もしている。
- 一人二役はかなり難しい。
- カウンセラーに確かめられて自分でも気持ちを確かめることができたかも。

4　話し手・聴き手のコミュニケーション演習（グループ・レッスン）

　カウンセリングは，クライエントとカウンセラーとの一対一の対面的コミュニケーションを通して，クライエントの自己理解と問題解決をカウンセラーが援助する過程が進行し，その機能が実現されます。そのコミュニケーション過程では視覚（表情や姿勢など）と聴覚（言語内容や声の響きなど）という遠感覚による情報に加えて，身体感覚への定位（首や肩の筋肉に張りを感じるなど）や直感のような総合的な感覚が動員されます。

　話し手・聴き手という役割を通してカウンセリングの基本を学習することにしましょう。個人的に知り合いを探して協力を求めてもよいでしょう。あるいは授業やカウンセリング研修会の参加者同士が協力し合って，練習をするのもよいでしょう。

　まず，2人の間で話し手と聴き手の役割を受け持って練習します。また，2人の2～3組が合流して4～6人の小集団を作って，1人の話し手に対して複数の聴き手が傾聴し各自の受け止め方を試行することも有意義な演習になるようです。

　カウンセリングの大まかな流れに沿って演習を進めていくことにします。

1）かかわり調整

　2人が1組になって，カウンセラーとクライエントとの出会いの場を構築し，コミュニケーションを開く練習をします。役割交替をしてさらに練習します。

　カウンセラー役は立ってクライエントを迎え，挨拶し，挨拶を受けます。このとき，穏やかな落ち着いた雰囲気を醸し出しつつ，やさしい笑顔で迎えるように心がけ，椅子を勧めて着座します。クライエント役は幾分緊張の表情を見せながらも，カウンセラー役のやわらかい応接に導かれて着座します。着座の距離や向きについても互いに気詰まりでないように，しかし小声でもよく聞き取れるように工夫してみましょう。

　カウンセラー役は，次のように自己紹介し，クライエントの来室の目的について軽く触れ，次に自分の役割を簡潔に述べます。

> 「私はカウンセラーのFといいます。きょうはどんなことでおいでになりましたか？」
> 「お話を聴かせていただいて，あなたのお気持ちを理解し，あなたがご自分の問題を見直したり，解決の糸口を探されるのに，お役に立てればと思います」

　このカウンセラー発言は問題理解と解決の主体がクライエントの側にあり，カウンセラ

9章　カウンセリングを模擬体験する

ーは側面的な支援者であることを表現しています。

2）傾聴と基本的応答技法（理解を確かめつつ傾聴を重ねる）

クライエント役は，自分自身のことなら何でもよいので，気軽に思いつくことを話題に選びます。たとえば，「昨日遊びすぎて，宿題がやってないんですよ」というように。

カウンセラー役は，「今，あなたが言ったことは，遊んでしまって宿題をしてないってことですか？」とか「あなたは，今，宿題ができてないことが気がかりなのね」などと，『クライエントの言ったことをこのように聴いたけど，いいですか？』と自分の理解を確かめるようにします。

クライエント発言が「電車の中に怖い顔のおばさんたちが騒いていたの」のように他人事であったときは，カウンセラーは「あなたは，ここに来る電車の中のおばさんたちの様子が気になったのね」というように，主語を「あなた」とすることによって，クライエントの主観を受け止め，クライエントの自己定位を促進するように影響することができます。

カウンセラーの応答を受けたクライエントの次の発言には，おおよそ次の3つの典型的なものがあるようです。

　①「いいえ，そうじゃなくて……」
　②「というか，むしろ……という感じです」
　③「そう，そのとおりです」

カウンセラー役の応答がずれていると①に，少しだけずれていると②に，的確であると③になるようです。クライエントから②や③の発言ができるようなカウンセラー応答が自然にできるように，繰り返し練習して身につけるようにしましょう。

3）自己理解と問題解決の糸口を探すために

クライエントの自己理解と問題解決の糸口を模索することにカウンセラーが援助する段階はカウンセリング過程の中心的位置を占めますから，カウンセラーの技能の質が問われるところです。専門的知識と技法については専門書に譲り，本書においては，要約，ねぎらい，印象のコミュニケーションを練習することにしましょう。

クライエント役にまとまりのある話題を選んでもらって，5～7分間ほど話し手・聴き手を続けます。その間にカウンセラー役は傾聴と基本的応答技法でクライエントの気持ちを温かい鏡に写して返すことを続けます。そうしながら，カウンセラーはクライエントの人柄，自己への態度，身近な関係者へのかかわり方，中心となる問題は何かなどについて把握すること（これをアセスメント＝査定と言います）に努めます。そして，話が一区切りしたところで，あるいは与えられた時間の最後に，クライエントの話を要約します。それとともに，クライエントの努力の経過をねぎらい，敬愛の心をこめつつ，カウンセラー

が理解しているクライエントの印象を伝えるようにします。冷たく指摘することのないように，温かく，1つの見方として，それを手がかりにして考えてみてくれるように指摘することが肝要です。

4）生活の点検と行動調整のために

カウンセラーはクライエントに対して，何か現実的な改善策を考えていること，実際に試みていることなどについても具体的に訊いてみることもできます。クライエントは実によく考え，いろいろな工夫をしているものですから，有能なカウンセラーはクライエントの工夫や試みを取り上げることが上手なカウンセラーといえるでしょう。

カウンセラーは，頃合いを見て，「あなたは，生活の中で，これまでどんな工夫をしてきたのですか？」「あなたの試みについて話してください」などと問いかけて，具体的に話を聴くことができます。演習の中でこのような問いを試みてください。

5）別れの儀式

カウンセラーはクライエントとの別れを視野に入れてかかわります。それは教師と同じかもしれません。しかし，教師との違いは，教師と生徒が生活の中で比較的頻繁に出会うのに対し，カウンセラーとクライエントは原則として生活上のかかわりを持たず，週に1回，50分程度のかかわりを一定期間（数か月から数年にわたって）続けるという点にあります。したがってクライエントは1週間の生活の経験をカウンセラーとともに振り返って整理することがカウンセリングの主題になります。そして，終結するとその後は会うことがないことが原則です。

カウンセリング演習の場合も，偶然の縁で，話し手・聴き手レッスンの相手役になった者同士として，親しさをこめて握手して分かれます。そして，その関係を後に残さないことを約束します。

体験報告

話し手・聴き手のワークに参加した人から，おもに次のような感想が開示されることが多いようです。
○クライエント役になって，自分の気持ちを話すことにためらいがあった。けど，話して聴いてもらうことは結構楽しいことなんだとわかりました。
○もっと本心を話してもよかったかもしれない。
○聴き手として，話し手の言ったことを正確に聞くことの難しさを実感しました。
○話し手と聴き手を交換しあったので，仲良くなれた気がする。
○私は話し手になったとき，聴いてくれることが励みになって自分の気持ちをわかっても

9章　カウンセリングを模擬体験する

らおうと一生懸命に話し，そして自分の気持ちがよくわかる気がした。また聞き手になると，しっかり聞こうとすることで相手に信頼してもらえて，話し手からさらに心の中を話してもらえた。そして，ああこれがカウンセリングの特長かもしれないぞと感じた。

解説

　この章では，カウンセリングの枠組みについて，体験のためのワークを取り入れながら，説明してきました。カウンセリングの難しさ，奥深さを伝えることは容易ではないことですが，多少なりとも感じ取っていただけたでしょうか。クライエントの経験に耳を傾けて，カウンセラーの心の鏡に映して返しているつもり（反射）が，実はカウンセラーの個人的経験を相手の話に投げ入れている（投射）こともあるようです。

　カウンセリングの演習方式として，3つの方式を提案しています。1つは，対話様式による演習で，従来から用いているものです。小集団内話し手・聴き手演習，2人相互話し手・聴き手演習などを活用することです。

　第2に，書記様式を提案しています。書くことによる自己理解として，目の前に他の人を置かずに自己内対話に集中する方式でもあります。1人で書き手と読み手を交換する方法と誰かとの2人の間で相互書き手と読み手を交換する方法があります。

　第3は複合様式による方式で，書記的方法の経験をもとに話し手・聴き手のコミュニケーションを展開する方式です。

　カウンセリング演習では自己開示を導くための話題の選び方も重要なテーマとなります。「今，私は」や「最近気になっていること」「話したいこと」という一般的な表現を用いることが多いのですが，内面の開示を方向づけて「困っていること，悩んでいること」とか，「理想の私と現実の私」「生い立ち」「わたしの宝物」「失ったもの」などと工夫することもできます。

　カウンセリング演習を実施する際には事後の振り返りを導くことによって学習を深めることを大切にしたいと思います。また参加者が自己との対面によって辛くなっていることが多いのですから，事後の安定化の工夫にも十分に時間を充てるようにしたいものです。

参考文献

福島脩美・高橋由利子・松本千恵・土田恭史・中村幸世（2005）「カウンセリング研究における話し手・聴き手演習の効果に関する研究」『目白大学心理学研究』第1号

10章 人生における人とのかかわりを展望する

人生を旅にたとえることがあります。人はどこから来てどこに行くのだろうか？　私たちは，ある家庭に生まれ，育ち，独立して生活するようになり，この社会に自分らしい役割を展開し，そして一生を終えます。自分の一生を通観すること，その間のいろいろな人との出会いについて考えること，そして主体的能動的に生きる歩みを考えること，これがこの章の目標です。

1　人生コース図を描く

　人間の一生について，人生コース図（Course of Life 図）を作って考えることにしましょう。

▶ トライ

　1枚の大きめな紙を用意してください。縦長にして使います。上下に少しの空間を置いて，中央に長く縦線を引いてください。その線の上端に0，下端に100と書き込み，およその判断で20年ごとの刻みをつけましょう。そして上の印から順に20，40，60，80と書き込みます。これがあなたの一生の年齢刻みです。そうみなしてください。100では足りないと思う人はもう1枚の紙を継ぎ足せばよいのです。
　まず，今のあなたの位置を決めて線上に○印を付けましょう。その位置までがこれまでのあなたが生きてきた時間です。そしてこれから先があなたが生きていく時間です。あなたが20歳だとすると，何とまだ5分の1しか生きていないことになります。人生はまだまだこれからなのです。また，あなたが50歳だとすると，もう半分の人生を生きてきたけれど，まだ半分の人生が残してあるということになりますね。

10章　人生における人とのかかわりを展望する

　ここまでの作業で不満や疑問を感じる人がいることでしょう。100歳までは生きていたくないと思う人は下端の数字を80にして，全体を区切りなおしてもかまいませんが，やり直すのも面倒でしょうから，このままで80歳のところに，さよならのしるしを書き入れてもよいでしょう。しかし，そうしてみて，やはりもっと先までの人生を想像してみたくなれば，また先に伸ばすことができます。

　次にこれまでのあなたの人生の主な出来事を，線の年齢位置に印をつけて，その左右に，線に近づけて，書き込むことにしましょう。3年ごとに印をつけていくと入学，卒業に対応しているので書き込みやすいでしょう。その間に入院したことなどを，なるべく線の近くに小さく書き入れてください。その左右にできるだけ多くのスペースを空けておく理由は，この後でわかるでしょう。

　その次は，今から先の予想される出来事を書き入れてみてください。たとえば30歳で結婚するとか，50歳で社長になるなど，まだわからないことでも大体の予定や希望を書き入れることにしましょう。これがあなたの人生コース図です。

　さて，左右に空間が残っているでしょうか。そこに，これまでにあなたとのかかわりの深い人の線を書き込みましょう。左に2本，これはあなたの保護者の線にしましょう。父母でもよいし，祖母とおばでもよいでしょう。その人は，あなたが生まれたときに何歳でしたか？　わからなければ，今のおおよその年齢から逆算して，あなたの0の位置とあなたの今の位置に対応するその人の年齢を，推定して書き入れてください。

　次には右側の空間にあなたとかかわりの大きい人の人生を書き入れてみましょう。たとえば結婚相手の線です。そしてもしも子どもが生まれるとしたら，あなたが何歳のときか，予想して新しい人生コース図をスタートさせてください。結婚などしないという予定の人は職場の仲間でもよいし，生涯の茶飲み友達でよいので，想像して書いてみてください。そしてあなたとのつながりがわかるようにしてください。

　次頁の図10-1はある学生がていねいに作った人生コース図の概要です。

　この図では，1人の人間の結婚，そのときの親の年齢，子が生まれ，成長し，孫が生まれて成長する姿を具体的に考えてみることになります。

　さて，次の空欄の頁（図10-2）にあなたの人生コース図を作ってみて下さい。時間をかけてじっくり，ていねいに作図しましょう。そしてできたところで，見直してみて，書き足りないことがあったら補って，修正したいところがあったら書き直してください。

　あなたとあなたにかかわりの深い人との連なった人生コースが作れましたか？　それを見て，この作業を通して，あなたの心に浮かぶ考えや感情を106頁の空欄にメモしておきましょう。自分の人生を振りかえり，将来を考えて見る機会になったでしょうか。

　このワークの体験を振りかえるための質問票を巻末（Appendix 3）に付加しました。人生コース作図体験評価票にチェックしてみて下さい。

妹		父 27	母 26	0	私		彼女 0							
0				3	幼稚園									
3				6	小学校									
				9			6	小学校						
				12	中学									
				15	高校		12	中学校						
				18	大学									
				㉑	今		18	大学						
				24	大学卒業		22	大学院入学						
				27	大学院修／就職		24	大学院修了就職						
27	結婚	57	56	30	再就職・結婚		27	子誕生 0						
				33			30	3	幼稚園					
		63	62	36	Uターン農家		33	6	小学校	0	誕生			
				39										
				42			39		12	中学	6	小学		
				45			42		15	高校				
		75	74	48			45		18	大学	12	中学		
				51			48				15	高校		
				54			51		24	研修医	18	大学		
		84	入院 83	57			54		27	勤務医	21	結婚		
				60			57		30	結婚	24			
				63			60	孫				孫		
				66			63							
				69			66	6	小			6	小	
			98	72			69	9				9		
				75										
				78										
				81										
				84										
84				87			84							
				100										

図 10-1　ある学生による人生コース図

10章　人生における人とのかかわりを展望する

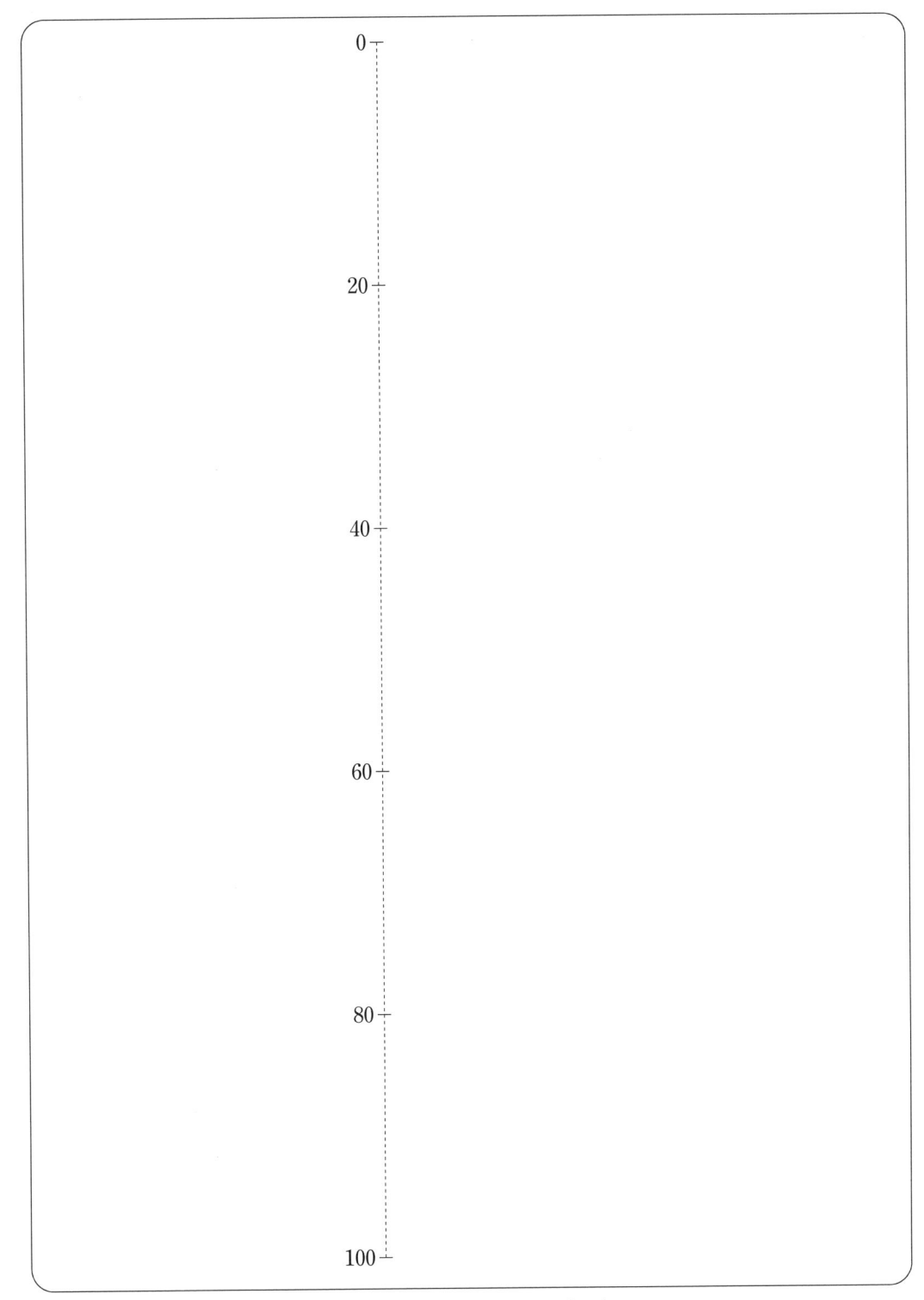

図 10-2　人生コース図作成用紙

体験報告

授業の中で学生たちに実施した後の感想として、次のような印象が報告されました。あなたの経験と似たものがありますか。

○人生の線の中に自分の位置を入れてみると、まだこんなに少ししか生きていないのね、これからが大変なのね、と驚いています。
○人生80年として、私はもう4分の1生きたことになる。学校への入学・卒業、出会いと別れ。実際に紙に書き込んでみると感慨深かった。
○長いと思っていた過去が、未来を考えると、ほんのわずかしか経っていないことを実感した。
○一応75歳で死ぬということにして、それだけ長く生きるのは大変だ、とても長い道程だとあらためて思いました。
○私は、最初に60までにしたけど、やっているうちに88にした。30過ぎて生まれる自分の子どものことをもっと見ていたくなったから。
○親はいつかは死ぬ、そう意識したとたん、はっとした。いつまでも当てにしてはかわいそうだと思った。
○自分1人の人生にもパートナーや子ども、親などの人生とかかわり、その影響がずいぶん大きいことを実感した。
○人間の人生は親から子、子から孫へと重なり合う部分を含んで続いていくことをあらためて感じた。
○書いてみると、実にいろいろなことがあって、親もそれを1つひとつ見てきたんだな…と思った。
○自分を取り巻く人々の人生も書いたので、人の一生とはこういうものかと、つくづく考えさせられた。
○孫まで作ってしまった。フィクションといえ、責任があると思った。

10章　人生における人とのかかわりを展望する

○自分のまわりに自分に関わる人の人生があること，怖いようで，すばらしいと感動した。
○人の一生とはこういうものかと考えさせられた。
○紙に書く分量は少なかったけれど，思うことはいっぱいあった。
○「家族をする」って楽じゃないな，けど逃げられないことだなと思って身体のどこかに力がはいる感じがした。
○上から下へ時間の流れと共に生きていく，そして私とかかわりを持つ多くの人生がある。
○命はつながっているんだね。親孝行しよう。
○将来のことはいつも漠然としかとらえていなかったし，時間が何となく過ぎていくと思っていたが，いまあらためて将来の目標を考え，「生きる」ということを認識した。
○将来，自分が描いたような人生を送るために，今，何をしたらよいか考えた。

解説

　私たちは，日常茶飯事にまぎれて自分の人生を通観する機会を持てないでいます。生い立ちにかかわる記憶を持っているし，将来の人生行路についてもある程度は気にかけてもいるけれど，まとめて人生行路を考えることをしていない，あるいは前意識的領域にとどめてきたといえるでしょう。
　自分の人生をあらためて考えてみる機会を提案することが，このワークの目標です。このワークが及ぼす心理的影響について，大学生の調査では次のことが指摘されています。

　　①過去の出来事と出会いの想起
　　②人生の鳥瞰
　　③命の繋がりと家族の結びつき
　　④自分の死と身近な人の死
　　⑤支え合う相互影響
　　⑥人生の感慨
　　⑦将来設計と人生創造の決意
　　⑧自分への信頼と家族への愛

　カウンセリングのケースの中でこのワークを取り入れたことがこれまでに相当数ありますが，自分の人生を鳥瞰することによって今の自分を考える機会となり，また家族のありがたさを実感する契機になるようです。ある高校生は不登校が続いていたのですが，18歳で大学に入り，22歳で卒業して銀行に勤め，26歳で結婚する予定の人生を図にしてから，こうなれないだろう自分について嘆き，理想と現実の折り合いをどうつけるか，真剣に考えるようになり，このワークが登校再開への重要な転機になりました。また別のケースでは，面接室では時間が足りないからと自宅ですることになりましたが，まだやっていなかったり，やったけど忘れたりで，何度も忘れてくるのです。そこで，カウンセラーは，自

分のことをなるべく考えたくない気持ち，遠くに置いておきたい気持ちについて取り上げるよう提案しました。人生コース図作成がカウンセリングの中で自己直面化を促すきっかけになることがよくあります。

ところで，この人生コース図を日本で使えないという人がいます。片親家庭の子どもにかわいそうだからという意見があります。しかし現実に向き合うことを避けることは問題を直視しないでやり過ごす生き方に通じるので，本人としても周囲の友人にしても，決してよいことではないと思います。

2　してもらったこと，してあげたこと

トライ

生まれてから今日までの，あなたの生活の経過を思い出してみましょう。あなたの周りの人（母，父，祖父母，兄弟，そして友人や先生）から，どういうことをしてもらったでしょうか。あなたからしてあげたことは何ですか。その人からしてもらったこと，その人にしてあげたことを思い起こして，書き出してみましょう。

まず，下の表の左列に対象となる人が誰かを書いてください。たとえば祖父，祖母，父，母，兄，姉など家族，それから親しい友人やよくしてくれた人など，身近な人の中から気持ちに浮かんできた人の名（思い出せなければ，ニックネームでも）を，浮かぶ順に書きましょう。何人でもかまいませんが，まず3人くらい書いてみて，それから追加してもよいでしょう。

次に中央の列を書き入れていきましょう。順番は気にしなくて，思いつくままにやってください。最後に，右端の列に進みましょう。

誰に	してもらったこと	してあげたこと

10章　人生における人とのかかわりを展望する

さて，今，あなたはどんな気持ちが浮かんできていますか？

体験報告

　本書ではごく短い時間の想起体験に過ぎないのですが，それでも多くの自覚と感情のゆれを経験することができるでしょう。

○今どうしているかな。お母さん。会いたい。私の願いを何でも聞いてくれる。これからは親孝行しようかな。

○まず浮かんだのはおじいさんだった。いつも私を温かく見ていてくれて，それなのに私は何もしてあげなかった，肩たたきと足ふみくらいだった。今も生きていたら，旅行くらい連れて行きたかった。私の心の守り神だった。

○感動があった。静かなところで，深夜の自室でやったら，もっと深く感動したことだろう。もう一度やってみたい。

○真っ先に，死んだお父のことを思い出した。いつも野球をしてくれたし，遊園地にも連れて行ってくれた。お父は自分が長く生きられないと知っていたのだろうか。とてもやさしくしてくれた。僕は何一つ返してあげられなかった。お父が癌で死んだのは僕が小学校3年のときだった。もっとまじめになろうと思う。

○いろいろよくしてもらったのに，なにもしてやることなく，感謝の気持ちもなく，これまで生きてきた。親になるということは大変なことだなと深く感じた。

解　説

　この演習課題は，日本で生まれた心理療法の1つ，内観法（Naikan method）あるいは内観療法（Naikan therapy）と呼ばれるものを応用したものです。内観法は吉本伊信

によって創始された自己探求法で，母や父，あるいは配偶者や子ども，友人や職場の人など身近な人々と自分の関係について，

　①世話になったこと
　②して返したこと
　③迷惑をかけたこと

の3点に絞って，具体的出来事を想起し，幼い頃から順に調べていく作業（これを見調べと呼びます）を通して，自己探求を行うものです。

　内観の結果，たくさんの世話を受けてきた自分の姿，それに対して，して返したことが何と少ないかを驚きをもって自覚し，迷惑をかけてきたことへの懺悔（ざんげ）の念が強まること，そこから新しく生き直しをしようとする決意が生まれることが指摘されています。

　実施の方法は基本的に集中法です。1日内観や2泊3日の短期内観もありますが，基本は1週間程度，現実の生活から離れて内観に専念するもので，研修所にこもって早朝から夜まで，ひたすら内観します。そして1～2時間おきに3～5分程度，指導者との面接で内観した内容を報告します。

　この方法は日本のみならず諸外国にも広がって，健康な人の自己理解を深める自己啓発法として，また非行，不登校，アルコール依存症，対人関係の悩みなどの改善にも適用されて効果が報告されています。

参考文献

福島脩美（1995）「Course of life 作図の効果に関する研究」『学生相談研究』16(1), 1-10
三木善彦（1976）『内観療法入門』創元社

11章 心残りを越えて今を生きる

人生にはいろいろなことがあります。今も後悔しているようなことが何かあるかもしれません。むしろ人それぞれにあの時にあのようにしなかったらと，今も残念に思うことがきっとあることでしょう。後悔には，そのときの判断の迷いと相手やその状況へのためらいがかかわっていることが多いようです。この章では，そうした心残りを乗り越えて今の関係を前向きに生きることについて考えていきましょう。

1　もしも，あの時，あそこで，ああしていたなら

トライ1

　人生には，転機とか曲がり角というものがあると言われています。道に迷って右に曲がるほうを選んだためにひどい目にあった。あのとき1番の選択肢を選んでいたら，合格できたはず。もう1日早く愛を告白していたら，彼は私を選んでいただろう。そういうことが人生にはいろいろあるようです。あなたの場合はどうですか。これまでの人生で，もしもあの時，あそこで，ああしていたら，という経験を思い起こしてください。1つを選び，そのときの状況，あなたの考えや行動，その結果をまず書いてみてください。

あの時

あの時の状況：	あなたの考えや行動：	その結果：

その上で，今なら，どうするか，以前に代わる決断や行動の案を書いて見ましょう。そして期待できる結果も書いてみましょう。

今なら

その状況で：	今なら（決断や行動）：	その結果：

この作業を通してあなたの考え方や行動の傾向が浮かび上がるのではないでしょうか。あなたの傾向は何ですか。そして，これからどういう注意を自分に与えたらよいのでしょうか。

あなたの傾向：	どういう注意が必要か：

さて，今，ここで，あなたの気持ちを点検してみてください。
- 気持ちは晴れやかですか？　そうであれば，今日のこの作業からの学びを今からの生活に活かしてください。過去を今に活かす知恵を活用しましょう。
- 気持ちが重くなっていませんか？　もしも過去に引きずられて今を十分に生きることが阻害されているのなら，過去はもう存在しないという厳粛な事実に目を向ける努力をしてください。大切なのは過去ではなく，現在なのですから。

体験報告

○苦しかったあの日のことを思い出してしまい，つらかった。けど，自分の逃げる心が問題だとはっきりしたから，今から注意したい。

○兄とうまくいかないで今も困っている。小さい頃に何度か痛い目にあったから，言いたいことをそのときに言わずに我慢して，後で恨みがましいことを言って，そのことで兄弟関係が悪くなってきた。

○普段は相手を立てておとなしくしているが，何か気に入らないことがあると，かっとなってしまい，結局関係がこわれてしまう。いつも繰り返してきたような気がする。でも変われるかどうか。

○私は好きな人とは自然に付き合うことができなくて，その人の周りの人と付き合うこと

11章 心残りを越えて今を生きる

になって，結果，失恋したり失恋をさせてしまった。なぜか，そうなる？
○昔，仲良しだった友達からいじめられて，臆病になってしまった。「むかつくのよ」といわれた言葉が頭から離れない。そして仲良しにも心を許せないでいる私です。
○いやなことを思い出したから，忘れることにしたい。この作業は心によくないのではないかと思う。
○今は辛いことでも，これから自分のためになるような気がしています。

解説

　心残りの想いや後悔の念を抱えて今を生きていると，その想いによって今の経験が侵害され，真に今を生きることが困難になることが少なくないのです。たとえば「あのとき，ああしていたなら，今頃は店長をしているはずなのに」という想いを残して店員として仕事をしている人は，その想いによって店員として真剣に仕事に取り組むことが，妨害を受け，仕事にミスを犯しがちですし，不満がたまることでしょう。そして注意されると店長を恨むことにもなります。また，「もっと早く告白していたら，今の夫よりも経済力のある男性と結婚できていたはずなのに」と思って暮らしていると，夫との関係を真剣に誠実に生きる努力が阻害されて，結局は不幸な現実を自ら招くことになりがちです。問題は心残りを乗り越えられないでいることにあります。

　心残りの記憶は現在の生活にどう影響するのでしょうか。現在という現実に取り組むエネルギーを逸らす，歪める，というマイナスが問題です。

　過去は，その経験を現在に活かすための工夫として使うべきもので，現在の不遇を紛らわすために使ってはならないのです。さもなければ，結局はマイナスの結果を生みだすことにもなるでしょう。

　人は繰り返す失敗から学び，心残りを克服することによって，失敗を繰り返さない生活の現実を生きることができるのです。

　あのときああすればよかったという心残りは，カウンセリングにおいては，クライエントから自発的に繰り返し触れられることが多いのです。クライエントはカウンセラーの温かい視線に包まれて，忘れようとしてきた過去の心残りの経験を開示し，カウンセラーの受容に支えられて，後悔の思いに直面し，気持ちを整理することができるのです。

　ときに，カウンセラーから，クライエントの心残りを呼び起こすこともあります。過去の経験をもう一度再体験することで，過去を卒業できるように，そして過去にとらわれずに現実を生きるように援助するのです。

　また，心残りの場面を現在に呼び戻し，再構成して，演じ，どう行動するかいくつもの代案を検討する作業を行うことがあります。カウンセリングという特別な関係の中で，クライエントは過去を振り返り，過去の見直し，やり直しをして，現在を生きる知恵とする

のです。

トライ2

カウンセリングにおいては，過去の見直しだけにとどまりません。もう1つ，未来についてクライエントが抱いている暗黙の想定を見直し，新しく現実的な検討をガイドすることがあります。次のワークは未来の暗黙の想定を点検する機会になるでしょう。

次の状況を想像してください。

> あなたは，ある特別な病気に罹って，医師から余命3か月と宣告されました。この病気は死の直前まで元気に活動することができるとも言われました。さて，あなたはこれから何をして過ごしますか，どのように生きますか。なお，死の直前まで，あなたが望めば誰とでも会って過ごすことができるし，お金は存分にあると仮定しましょう。

さて，次の質問に答えてください。小さくメモしてください。後で振り返って，話し合いの資料にしたいと思います。

問1　今から3か月をどのように過ごしますか。

問2　あなたはどこへ行きたいですか。

問3　誰と会いたいですか。

問4　何をしたいですか。

問5　最後の1日をどのように過ごしますか。

問6　最後の1日だけ，この世の誰とでも恋人になれるとしたら，誰とデートしたいですか。

11章　心残りを越えて今を生きる

問7　臨終の床には誰がいてくれるでしょうか。

問8　あなたの最後の言葉を言ってください。

問9　人々はあなたをどういう人だったと言うでしょうか。

さあ，この体験をもとに，今から積極的に生きていきましょう。

体験報告

○これを通して，私は，自分がどれほど家族を愛しているか，心が痛くなるほど，感じることができました。
○いつ死んでもかまわないさ，どうせいつか，死ぬのだからと強がりを言っていたけれど，本当に死ぬときは怖いだろうな，辛いだろうな。
○日常の些細な喧嘩で忘れてしまいそうな大切なことに気づきました。彼を愛しているのです，私。
○こんないやなことをさせないでほしい，といやいや始めたのに，だんだん本気になって，涙が出てしまいました。
○人は本当の気持ちを忘れて毎日のことに追われているのですね。いつも文句ばかり言っているけど，そのときになったら，私も「ありがとう」といって死ぬだろう。
○「ありがとう」と書いて，突然，胸にこみ上げるものがあった。
○お母さんに親孝行できなくて，親不孝な娘でごめんなさい。
○最後のデートは，やっぱし，今の女性だと思う。
○最後の日まで，仕事を続ける。
○はじめは毎日遊んで暮らそうかとも思ったけれど，実際は毎日が今と同じように過ぎていくことがよいのかなと思った。

解説

私たちは，死を考えずに暮らしています。今が永遠に続くかのように，のんきに，先の

ことにあまり思い煩うこともなく，暮らしています。そして，やりたいことも，やらなくてはならないことも先送りしています。

けれど，もしも余命3か月と知ったら，どうでしょうか。ある癌とともに生きた人の手記からも，また終末期医療に関わって心のケアーをしている人々からも，死期を迎えてなお，人は，よりよく，自分らしく生きようとする努力を続ける，そういう姿が浮上します。時間が限られてこそ人は真剣に自己の人生に向かい合うのでしょうか。

体験報告にもあるように，どうせ死ぬなら苦労なんかしないで，毎日を遊んで過ごすという考えよりも，いつもと変わらない毎日を過ごしたいという想いが浮上するようです。このワークは日常性の意義を考えさせる作業になるようです。

この世に2つとない，掛け替えのない生命を可能な限り自分らしく生きて，生き抜いて，個性を実現していこうではありませんか。

トライ3

イメージの中でなら月に向かって自転車で空を飛ぶこともできます。これからイメージを楽しむ遊びと思って，次の問いに答えてください。

問1　今から10年後，あなたは，どこで何をしているでしょうか。

問2　今のあなたから，10年後のあなたに，言葉をかけるとしたら，どんなことを言うでしょうか。

問3　10年後のあなたから，今のあなたに，どんな言葉をかけてくれるでしょうか。

さて，この体験はあなたの心にどんな影響を残したでしょうか。以下に，感想を書き込んでください。

11章　心残りを越えて今を生きる

体験報告

○O・ヘンリーの「20年後」という短編小説を思い出した。10年は人を大きく変えてしまうかもしれない。
○10年後に何をしているのかな，まだ霧の中のように何も見えないけれど，今の自分と別人格になっていることは考えられない。
○10年後なんてわかるものか，都会の公園で暮らしているさ，と居直ってみたけれど，今のままじゃまずいっすよ，ほんと。
○10年後を考えるのは，この変化する社会では，かなり無理なことですよ。それでもやってみろと言うのなら，ようするに，今の自分を投影する演習になると思うよ。
○10年後はカウンセラーをしているでしょう。今の私からは「よく頑張ったね」と10年後の自分に声をかけ，10年後の自分から今の私に「今が大事よ，頑張ってね！」と励まされました。しっかり勉強しなくてはいけないなと本気で反省しました。
○もし10年の時間的距離をおいてであったら，懐かしさみたいな感情を感じるでしょうね。
○互いに同志のように打ち解けあえるだろうな。実際，同志なのだから。
○10年後の自分から「頑張っているね」と声をかけられて，照れてしまったけれど，うれしかった。
○この体験によって，自分にやさしくなれたような気がしています。
○考えさせられました。やっぱり生きていくしかない。

解　説

　未来は現実にはいまだに存在しないのですから，どういう未来を描くかは今の心の状態を映すことになります。そして今も10年後も同じ自分ですから，10年後の自分との交信は，つまりは自己内対話に他なりません。今を知る手掛かりとして10年後の自分を想定したことになります。

　10年一昔という諺があります。過ぎてみれば，あっという間の10年だったということになるでしょうが，これから先の10年ははるか遠くにあって予想もできないことかもしれません。とくに若い人には具体的に実体化することが難しいでしょう。そして，だからこそ未来を透かして見るワークは若者にとって困難なもので，それゆえにこそ有意義な経験になることが期待できます。

　単なる空想遊びとして取り組んでも，この作業は自分と人生についていろいろ考えさせてくれる大切な経験の機会となるようです。

2 アサーション（assertion：積極的自己表現）

トライ1

　私たちは，自分の気持ち（考えや感情）や立場を自由に率直に表現する権利を持っています。それによって個性やよさを周囲にわかってもらうのです。これをアサーション権といいます。いわば自己表現，自己主張の権利です。もちろん，その場の状況や相手に応じて効果的に表現することが大切です。効果的に自己を表現する技術をアサーション・スキルと呼びます。これから，その練習をしましょう。

　まず，自分のよさを表現する準備をするために，次の質問に，思いつくままに，遠慮なく，はっきりと，自由に書いてください。

①たいていの人よりうまくできること（何かあるでしょう）

②これまでで「よくやった」と自分をほめたいこと（遠慮なくどうぞ）

③最近，頑張っていること（いろいろ挙げるのもよいし，1つに絞ってもよいのです）

④あなたの個性として一番認めてほしいこと（人にはそれぞれによさがあるものです）

　さて，書いたものを見て，どう思いますか？
　照れくさいとか恥ずかしいと感じても，あなたの個性を表現する練習と思って，もう一度，書き直したり，書き加えてみてください。
　よろしければ，先へと進みましょう。

トライ2

　では，2～5人のグループになってください。グループの1人が自分のよさを書いたものを読みます。それを聴いて他のメンバーが次々と肯定的フィードバックをします。できていること，よさを敬愛の心でほめ，苦労をねぎらいます。そして全員が自分のよさを表

11章　心残りを越えて今を生きる

現してみんなから肯定的フィードバックを受け終わったら，みんなで感想を話し合って互いの敬愛の心を共有しましょう。時間はグループのメンバーの数によって異なりますが，1人当て3〜5分程度が目安でしょう。

感想メモ1（ほめてもらって）：

感想メモ2（他の人をほめて）：

この体験を振り返って：

体験報告

　学生の体験レポートには，次のような感想が寄せられています。
- 自分のよいところを自分で書いたことだけでも恥ずかしい気持ちなのに，他人にそれを見せたり話したりするのは，とても苦しいことだった。その上，聞いた人が口々にほめてくれるのだから，汗をかいてしまった。けれど，このような初めての経験が不思議な力で勇気を与えてくれた。
- 自分のよいところを挙げるのは想像より大変なことだった。自分が発表するとき声が小さくなってしまった。相手の人をほめるときはうまいほめ言葉が見つからなくて困った。ほめられるのもほめるのも自分は苦手で，アサーティブでない自分を自覚した。
- 自分がこれほど照れたことは今までになかったが，ほめられるのも，ほめるのも楽しい経験になった。互いに認め合い，ほめ合うことの大切さを学んだ。
- 4人のグループが，はじめはお互いに構えてしまったが，やり始めると急に打ち解けて，これから仲良くなりそうだ。
- 昔，親にものすごく反発したことがあった。黙っていてもわかってくれるはずの親がわかっていなかったというショックからだった。今思うと，言わずにわかってほしいというのは甘えだった。
- 私はいつも自分のことを後回しにしてきた。そのことでずいぶんと自分に損を与えてきた。自分をもっと出して相手にわからせる勇気が必要なことが実感としてわかった。
- 高校までわがまま放題を言ってきた私が，東京の大学に来て田舎育ちであることを引け目に感じているせいか，何事にも自信が無く自己表現ができていない。高校までのあれ

は攻撃的な自己主張であって，アサーションではなかったとわかった。これから，少し，アサーションを試みていきたい。それには自信を持つことが必要なようです。
○たとえ嘘でも，ほめられると元気になって，自分に向かい合える。
○なんとなく，欧米人には普通にできても日本人には難しいワークだという印象で，乗り切れなかった。

解　説

1）自己表現のタイプ

　自己表現には3つのタイプがあります。第1は自己主張的表現で，攻撃的で自分中心の自己表現です。自分の意見や気持ちをはっきり言い，自分の権利を主張しますが，相手の意見や気持ちは尊重しないやり方で，結果的に自分を相手に押し付けることになります。いわば自分を大切にして相手を大切にしないやり方です。これは適切なアサーションとは言えません。

　第2は非主張的な自己表現で，自分よりも他人を優先し，自分のことを後回しにし，自分で自分の気持ちを抑えてしまうやり方です。自分の気持ちを言うときにはあいまいな，遠まわしな表現で，あるいは何も言わずに待って，相手が察してくれるのを待つやり方ですから，相手がわかってくれないことをうらむことになります。これはアサーションではありません。

　第3は，自分の気持ちを大事にするとともに，相手の気持ちも大事にするやり方で，これがアサーション（積極的自己表現）です。この場合，互いの意見の相違により葛藤が起こることもありますが，お互いの意見を出し合って歩み寄って理解し合うことで，互いに納得のいく結論を導き出すことが大切です。

　アサーション（assertion）できるようになるための条件として，次のことを指摘したいと思います。

①身近な人から無条件の敬愛の眼差しによって支えられ，自分と他者に対する敬愛の心を持つこと。
②人間尊重，個性尊重の精神によって，誰もが自分らしく生きる権利を持っていると信じること。
③自分の責任で自分の人生を築いていく生き方をしていること。
④人間への温かい関心と理解を持っていること。
⑤依存と甘えと問題回避に向かう心を乗り越え，自分の責任で自分の人生を切り開くこと。

11章 心残りを越えて今を生きる

2）率直な自己表現による合理的問題解決

人と人との間には調整を必要とするいろいろな課題事態が発生するものです。たとえば，職場の仲間と昼食に出たところ，1人がタバコを吸い始めた。あなたは煙の臭いが好きでない。近くの客も迷惑そう。さて，どうしますか。

次の区分けにしたがって，取り組むことを薦めます。

① 事態を描写する：「煙がただよっているね」

まず，状況や相手の行動など具体的で客観的な事実を述べます。相手も認める事実に触れることが大切です。これによって調整の準備と共通土俵づくりができます。このとき，周りの人の様子を言うよりも煙を指摘するほうがよいでしょう。その理由としては，煙の方が客観的で共有できる認識になること，それに対して，周りの人の表情は見る人によって認識が異なりますし，さらに指摘したときには，表情は変化してすでに認めにくいこと，周りの人を隠れ蓑にして本人が隠れる印象を与えることなどがあります。一緒に客観的な事実に触れることが大切です。

② 気持ちを表現して，待つ：「私は気分が悪くなりそうです」

自分の気持ちを淡々と表現します。感情的になると相手も感情的になり，好ましい結果になりません。こちらの気持ちを表現したら，それに対する相手の対処行動を待ってあげる余裕が必要で，相手の気持ちに共感することも大切です。

③ 提案する：「食事の間だけ，タバコを控えていただけますか？」

相手に望むことを現実的具体的に提案してみる。相手にとってとうてい承服できないことを要求するのでなく，ちょっと頑張れば可能な行動を解決への糸口として提案します。

④ 相手の反応に応じた対応：「では，少し休憩にしませんか」

提案が受け入れてもらえないときは，そのまま引き下がるのでなく，代替案を提案する用意をしておきましょう。またこちらのアサーションを受け入れてくれたときは「ありがとう」を表現しましょう。自尊心を大切にしたいからです。

以上の4段階はアサーティブな脚本づくりのためのデスク（DESC）法として知られている方法です。つまり，Describe（描写する），Express（表現する），Specify（特定の提案），Choose（選択）の4段階です。

参考文献
平木典子・沢崎達夫・土沼雅子編著（2002）『カウンセラーのためのアサーション』金子書房
園田雅代・中釜洋子・沢崎俊之編著（2002）『教師のためのアサーション』金子書房

12章 コーチング

コーチとかコーチャーという言葉は，「あの打者の打撃フォームは新しいバッティング・コーチになって大きく変わった」，「三塁コーチは走者の本塁突入をストップすべきだった」などと，スポーツの技術指導の意味で使われます。また英国では受験指導の家庭教師を指してコーチ（coach）という言葉が使われます。一般に，行為者・学習者に助言して適切な行動を導き助言する人をコーチと呼び，その仕事をコーチング（coaching）と言います。では私たちは生活の中でどのようなマイ・コーチを持っているでしょうか。

1　自分の理想のコーチ像

トライ

あなたの生活の中で，あなたの行為を適切に導いてくれている人，つまりコーチはどのような人ですか？　もし理想が適うなら，あなたはどのようなコーチを望みますか？　次の問いに答えてください。

> Q1　あなたは身近にいる人に，何かの相談をするとしたら，どういうコーチングを望みますか？
> ①あなたの気持ちで行動するように，自由に任せてくれる人
> ②普段は自由にやらせて，大事なところで一言注意する人
> ③いつも傍にいて細かく指導助言してくる人

12章　コーチング

　さて，あなたの選択はどの番号でしたか。この問いはあなたが望むコーチのタイプ，あなたとコーチとの距離に関係しています，
　　①任せ型：自分流に行動したい，コーチにあれこれ支持されると自分のペースが乱されると感じるときは，このタイプを希望するでしょう。
　　②要所関与型：大体は自分流に行動し，調整することができて，必要なポイントのところを指導してほしいとき，このタイプが好まれるでしょう。
　　③密着型：短期間に技術を身に付けたいときや抜本的修正をしたいならこのタイプのコーチを希望するでしょう。また幼い子に対する指導もこのタイプになることでしょう。

Q2　コーチの助言指導の方法として，あなたの好みは以下のどれですか？
　①温かく話を聴いてくれる
　②元気を出すように励ましてくれる
　③お手本を示して，方法を教えてくれる
　④あなたが自分の行動を修正するヒントをくれる
　⑤あなたの行動を評価し，ほめたり叱ったりしてくれる

　さて，この質問については，どれか1つを選ぶことは難しいことでしょう。コーチングの働きの性質に関する項目を並べているので，あなたがコーチに求めるものが何かに関係していて，求めるものは時と場合によって異なりますから，どれか1つだけを決めにくいことになると思います。
　それぞれはコーチングという仕事の性質と機能に関係しています。
　　①見守り：存在することによる影響力，傍にいてくれるだけで安心して自分の作業に取り組むことができます。
　　②励まし：課題への取り組みを動機付け，気分や感情面から支えるので，楽しい気分や安心感を持って取り組むことができるでしょう。
　　③手本：モデリング機能，新しい行動の仕方を実際にやって見せてくれるので，学習者は効果的に望む行動を習得することができるでしょう。
　　④ヒント：行為者が真剣に取り入れようとするとき，コーチのちょっとした示唆がヒントになって目指す行動を調整することができるでしょう。
　　⑤評価：コーチからの評価は行為者にとって行動の適切さの理解になり，またコーチの見方や性格を知ることができます。
　これら5つの働きを大きく2つのグループに分けることができます。1つは①と②をま

とめるもので，動機付け機能といえます。そして③，④，⑤は情報機能に関係していると言えます。つまり，コーチは行為者に動機付けと情報を与えるという2大機能を持っているといえます。

2　自分がコーチになるとしたら

▶ トライ

今度はあなたがコーチになる場合を考えてみましょう。あなたの生活の中で，誰かの行為を適切に導いてあげるとしたら，あなたはどのようなコーチになりたいですか？　次の問いに答えてください。

Q1　あなたが身近にいる人の相談に乗るとしたら，どういうコーチングをしたいですか？
　①その人が自分自身の気持ちで行動するように，自由に任せる
　②普段は自由にやらせて，大事なところで一言注意する
　③いつも傍にいて細かく指導助言してあげる

Q2　その人に対する助言指導の方法として，あなたはどのような方法を選びますか？
　①ニコニコ話を聴いて，うなずいてあげる
　②元気を出すように励ましてあげる
　③お手本を示して，方法を教えてあげる
　④その人が自分の行動を調整するためのヒントをだしてあげる
　⑤その人の行動を評価し，ほめたり叱ったりする

さて，あなたはどの番号を選択しましたか。次の枠内にあなたが選んだ番号と説明を捜して，下線を引いてください。ここでは2つの問いをまとめて，あなたの答えのタイプをみていくことにします。

12章　コーチング

> Q1　距離：①任せ型　　②要所関与型　　③密着型
> Q2　方法：①見守り　　②励まし　　③手本　　④ヒント　　⑤評価

　Q1は，あなたがコーチとして相手との距離をどうとるかについてタイプ分けを試みたものです。当人の考えや判断を尊重するなら①任せ型を，当人の自由な試みを尊重しつつ要所で指導を入れるなら②要所関与型を，そして身近にいてこまめに指導したいなら③密着型を，選ぶことでしょう。

　Q2は，コーチングに対するあなたの好みを見るものです。どの方法も重要な指導方法ですが，相対的な方法の選好度をみています。①見守りはコーチがいるということによる影響で，もっとも間接的な指導法，②励ましは動機付けを重視する方法，③手本は具体的に手本〔モデル〕を示して教える方法，④ヒントは行為者の様子を見て適切な参考意見を出す方法，そして⑤評価は結果を評価してフィードバックを与えて行動を修正する方法と言えます。

　さて，あなたは，コーチとして，どのタイプの，どの方法で指導することを好むのでしょうか。あなたの選択は，行為者のその時々に何を必要としているかによって，またあなたと行為者の関係性によっても，さらにはあなたの好みによっても異なるでしょう。

　あなたの感想を以下にメモしてください。

体験報告

　教室で挙手によって学生に意見を求めたところ，次のようになりました。まず③密着型の選択は，コーチングを受ける場合もコーチなる場合も，ごく少数。そして最も多いのは②要点関与型で，次に①任せ型が好まれていました。コーチングを受ける場合とコーチになる場合との相違はないようでした。

　次に方法としては，大多数の学生は①見守りと②励ましを好み，次に③手本と④ヒントが好まれ，⑤評価を選んだ学生はごく少数の学生に限られ，受ける場合も，コーチになる場合もあまり違わないという結果になりました。なお，③手本が好まれるのはコーチにな

る場合よりもコーチングを受ける場合に多く，①見守りはコーチになる場合に多く，②励ましはコーチングを受ける場合に多く選ばれる傾向が見られました。

　主な感想は次のようになりました。
○私は密着するのもされるのもいやだ。任せてほしいし任せたいと思う。
○野球のコーチのことを考えた。コーチや監督が選手にあまり密着し過ぎると選手は窮屈だし，厳しく評価されると，ある選手は反発し，またある選手はコーチに頼りすぎることになって，結果，弱いチームになりそう。最近のどこかのチームはこれだと思った。
○コーチの仕事はやさしくないなと思った。
○恋愛の相談を考えたので，コーチにあまり近づいてほしくないし，コーチとしてもあまり深入りしたくない気持ちが働いた。
○小学生の家庭教師をしている。僕のやり方は密着しすぎかなと思うけど，この子の場合は，それが向いているから，それでもいい。
○親はよいコーチになれないのかな。親の欲で押し付けるから。
○よいコーチは相手の希望を聞いたり，気持ちを理解して，やり方を変えるコーチだと思う。
○コーチングをしてもらうことになるとそのときどきで違うタイプと方法を希望すると思う。けど，してあげるとなると，わたしにできるやり方は決まりきったものになりそう。
○結局は受ける人次第ですね。

解　説

　コーチングという活動は，スポーツの世界に限らず，日常生活のいろいろな分野で実際に行われています。私たちは，先輩として後輩に，教師として生徒に，親として子に対して，コーチの役割を担っています。また後輩として先輩から，教えられる者として教える者から，子として親から，そして友人からもコーチングを受けているのです。コーチングはコーチと受ける者との人間関係の糸に乗って影響が生じているといえるでしょう。

　行為者に対するコーチとしての距離の置き方で言えば，①任せ型，②要所関与型，③密着型のコーチとして，またコーチングの方法としては①見守り，②励まし，③手本，④ヒント，そして⑤評価などによって，行為者に影響しています。そしてまた，自分の行動を自分でコーチングする場合も，決して珍しいことではありません。その場合は１人で行為者となり，またコーチにもなる，セルフコーチングという方式です。

　コーチングのさいの留意したいポイントについて，以下に列挙しておきます。
　①階段登りの要領で，今のステップから次へのステップへの目標の幅は小刻みがよいようです。
　②１段１段のステップは奥行き，つまり幅が広いこと，つまり１段をじっくり体験でき

③急がず着実に前進することを重視します。そのプロセスこそが生きる力となると考えることが大切です。
④もしもつまづいたら，またそのステップをもう一度体験して，あるいは1歩後退してから今のステップを通って次への先進の力を得ることがよいでしょう。
⑤ゆとりが出てきたら，ステップ幅を大きくしてもよいでしょう。
⑥コーチは行為者の意欲や迷い，あせりや不安を十分に汲み取って共感的なかかわりを持つことが大切です。行為者はコーチの知識と経験を信頼する態度が必要です。

　コーチングの成果は，行為者とコーチを結ぶ人間関係に大きく依存することを十分心に留めて，反省の視点とすることが肝要です。
　結局，コーチは，行為者に押し付けるのでなく，行為者を見守り励ますことを基本にして，必要に応じて要所で関与を行うことが好まれる条件になるといえるでしょう。それは次に見る自己調整への支援のあり方にも通じることのように思えます。

3　自己調整過程の促進（自己コーチング）

　要所関与型のコーチがヒントと任せの方法でコーチングする場合，行為者が自分の行動を自己調整する必要性が大きくなります。ここでは行為者自身による自己調整を自己コーチングと呼びます。巧みなコーチは，行為者の自己コーチングを十分に活かして成果をあげているように思います。

▶ トライ

　あなたが自分の行動を自分でコーチングすることは可能でしょうか？　どう考えて，どのようにすれば，どういう場合に自分で自分をコーチングすることができ，それによって自分を変えることが可能になるのでしょうか？
　あなたのアイディアを以下に書いてみてください。

[   ]

　さて，あなたはどのようなアイディアを思いついたでしょうか？　次のように考えるこ

とができたかもしれません。

①まず，一人二役ができるかどうかですが，いつもは行為者として現実の生活に取り組みつつ，ときどきコーチになって自分に対して助言すること，つまり，1で見た「好みのコーチ」像の「②普段は自由にやらせて，大事なところで一言注意する人」になってみること，ならできそうですね。

②傍らにつきっきりで指示したり評価したりはできないのですから，このように行動しようと言う**目標**あるいは**行動のプラン**を自分で持っていてそれによって行動することが必要です。そうであれば，目標どおりになったかどうか，後で評価することができるでしょう。たとえば書道で木の字を書く場合は，「少し右上がりに，右隅をしっかり止めよう」と考えて実際に書く場合なら，そうなっているかどうかは書いた後の字を見て自分で確かめ，評価することができますね。

③事後の点検評価よりもさらによい方法があります。それは，自分で行動しながら，その様子をコーチが観察するのと同じように自分でよく観察（**自己観察**）し，行為者と観察者を兼ねることです。そうすることができれば，自分を優れたマイコーチに仕立てることができるかもしれません。たとえば書道で木の字を書く場合は，「少し右上がりにゆっくり一の字を書き進んで，しっかり止めよう」と注意しながら書き進む場合，書いている最中に「上がり方がたりないかな？」と思えば，即座に少しあげるという自己修正行動が可能です。その場合に行動の調整は目標とする行動のイメージと実際の行動とのずれの調整になるでしょう。これが本来目指す自己調整過程です。

④行動している最中やその後で自分の行動を見ることができない場合が多いかもしれませんね。水泳で泳いでいるときの脚の開き具合は自分では見られない。また見ると行動が円滑に進められないこともあるでしょう。

⑤ビデオカメラで自動撮影しておいて，直後に観察する手もありますね。このとき**ビデオ映像**がコーチ手伝いのような役割を担ってくれて，その映像を手がかりにして自己コーチングができるでしょう。

⑥自分の行動を自分で評価できる能力，つまり**自己評価**の能力も自己コーチングの重要な要因となります。しかし，自己評価は希望的観測や自己卑下のような自己態度によってゆがめられることが多いので，適切な自己評価を導き，修正し，補強をするための他者評価が必要になるでしょう。

4 自己コーチングの手順

自己コーチングの進め方を，例をあげながら説明しましょう。

1）なりたい自己像の明確化

迷い悩んでいるときは，人は自分がどういう人間なのか，そしてどうなろうとしているのか，どうなれたらよいのかが自分で明確にできずに，思考の空回りに陥っていることが多いようです。そのようなときは，たとえば次のような問いを自分で発して，自己点検することを薦めます。

> 問：本当にほしいものは何ですか？

周りの人からの期待や世間的評価によって無理やり思い込もうとしているようなことがあっても，それはひとまずはずして，自分の本当の気持ちを明確化することを試みましょう。仕事や勉強のことを思うと抑うつ的になる人の場合，本当に勉強したいことは何か，抑うつ的な気分を引き起こすことが何か，自分らしさを活かすにはどうするか，といった問いを自分に対して投げかけてみて，心に浮かぶ言葉をメモしてみます。この問いかけがコーチの仕事です。こうして，時間をかけて自分なりに気持ちの整理をすることがまず肝要です。

2）目標の具体化，細分化，段階化

曖昧な目標はそれを実現するための行動に結びつかないものです。たとえば職場の人間関係をよいものにしたいと願っていても，それにはどうしたらよいか思いつかず，問題の改善がないままに月日が過ぎて問題が深刻化することもまれではありません。

目標の具体化，細分化，段階化を実行することが大切です。まず職場の誰との関係がとくにどうなるとよいのですか？ 店長との関係がよくないと思っているのなら，よくないということは行動としてはどういうこと？ よい関係はどういう行動をすることですか？ と問いかけて，挨拶をすること，ごく日常の会話に加わること，相手の趣味，たとえばサッカーの話題を用意して話してみる，などというふうに具体的な行動目標にすることができます。

この段階で①具体性基準と②可能性基準の2つの基準を採用するとよいようです。

　① 具体性基準：その目標は回数で数えられるか？ 量的に測れるか？

② 可能性基準：その目標は2回に1回以上達成できそうか？

　この基準を満たさない目標はさらに細分化と段階化が必要です。たとえば，健康のために運動することが目標であれば，その目標を細分化して屈伸運動を毎日の習慣とすること，また日曜には近くを散策することとし，さらに屈伸運動の時間帯と実施時間，日曜散策の場所と時間を具体化することになります。

トライ1

あなたの目標を1つ選び，その具体化を試みてください。

3）行動のプランニング

　具体的で可能性のある目標のリストができたら，その中からもっとも簡単なできそうなことから，行動プランを立てることにします。たとえば朝の気分をプラスの方向にもっていくためにお気に入りの服を着るとか好きな音楽MDを内ポケットに入れるとか，歩幅を少し狭めてピッチを上げるとか，いろいろ工夫することがよいでしょう。

　ある方は職場での自分の気分を盛り上げることを目標にして，元気カードを作って胸ポケットに入れ，喫煙のたびお手洗いのたびにそれをそっと目にするプランを立てました。それは5枚の名刺の裏に元気の出る言葉（犬のジョン太と散歩する，娘とハイキングする，など5つ）を書いたものでした。

トライ2

目標を達成するための行動プランを2つ書いてください。

①

②

4）実行と自己モニタリング

プランは実行されなくては無意味です。かといって負担になってはかえってマイナスですから，無理なく実行できる行動プランを作って，それを実施した記録をつけることを薦めます。先の名刺裏の言葉を読む行動は仕事中では難しいでしょう。食事に出た帰り道や喫煙所でなら実行しやすいので，そう決めたのです。自己モニタリングというのは，自分の行動を自分でモニター（看視）することです。先の例では，手帳のポケットに挟んだ紙に実行回数を正の字で記録してもらいました。

5）自己評価とバックアップ強化

コーチが評価してくれる代わりに，自分で評価する方法が自己評価です。そして，自己評価を支えるための手続がバックアップ強化と呼ばれます。バックアップ強化は家族に話して評価してもらうことや1人でうまい食事をすることなど，いろいろ工夫できます。

次のような自己評価票を作っておき，毎日，欠かさず記録するとよいでしょう。この例では，職場で気分をあげることが目標で，そのための方法として元気カード（1から5）を目で読む行動を選び，実行回数を記録します。その晩に自分をほめてあげるためにグラスワインで乾杯したことがバックアップ強化になります。

月日	具体目標	行動プラン	実行	自己評価	バックアップ
5/12	気分促進	元気カード1 　　　　　2	正 下	◎ ○	グラスワイン

体験報告

①自分に自信が持てない男子学生の事例

「友達はみんないい大学に入った，自分だけが失敗してしまった，高校の仲間に会うのが恥ずかしい，みんなを見返したくて小説を書き始めたら，出席が足りなくて今の大学でも3年に進級できなくなりそうで，学校から通知がいって親が悲しんでいる。自分はダメな人間だ」と，このように否定的に自分について評価する学生でした。担任の先生に勧められて，とりあえず，教務課にいって進級するための科目補充の相談をし，友達にも助けてもらって，かろうじて専門課程に進級することができました。その後，学生指導の熱心な先生のゼミに入って，ゼミの仲間ができ，卒業研究に熱心に取り組み，無事に卒業して家業を継ぐようになりました。目の前の課題に1つひとつ取り組むことによって自信を回復し，自分なりの目標を達成することができた事例です。

②人間関係を避けて家に引きこもりがちな女性

　大学を卒業して目指す希望の会社に就職したのですが，職場の雰囲気に馴染めないまま2か月で自己都合退職し，家にこもるようになりました。「勉強なら自分ひとりでできるからいい，仕事は人と組まなくてはいけないから苦しい」と言っていたのですが，カウンセラーの助言によって，秋から近くにある店のレジの仕事を始めました。最初は土曜の午後の2時間だけで無償の手伝いでしたが，なれるにつれて1日の時間と1週の曜日を増やしていき，人と接して働くことに張り合いが持てるようになりました。

解　説

　1人が行為者であり，同時にコーチとしての役割を担って，自己の行動を修正する過程については，自己調整過程（あるいは自己制御過程）として研究され，次のように考えられています。

自己調整過程の主な段階

段階	行為者として	コーチとして
1	目標設定	目標の適切性に関する評価と修正
2	行動計画立案	行動計画の適切性に関する評価と修正
3	実行	行動の自己モニタリング
4	自己修正	他者評価によるバックアップ

　自己コーチングの場合も，他者によるコーチングの場合と同様に，関係性が重要になります。他者をコーチする場合にコーチは行為者・学習者との人間関係に配慮する必要がありますが，自己調整過程においては，同一人の中でのことですから，自分に対する態度つまり自己態度として，自分に対して温かいか－冷たいか（敬愛・受容性次元），自分に寛大か－厳しいか（目標性次元）ということが大きく影響することになります。

　体験報告の①では，自分に厳しい人でしたから，ついつい高い目標を自分に課して，それが達成できないことで自己非難をする結果になっていたのですが，大目標を細分化した上で，手の届く可能性のある下位目標を段階的に定めて，その1つひとつを達成していくことによって，結果的に，自分を認めることができるようになり，自分に自信が持てるようになりました。

　体験報告の②では，自分に対して温かい気持ちを持っている人で，人から注意されると辛くなってその人を避け，その課題からも逃げている人でしたが，自分でもできそうなやさしい課題を目標とすることによって，マイペースで課題に取り組み，その経過の中で，

12章　コーチング

人間関係を主体的に開くことができるようになりました。最初のうちはカウンセラーの助言によって目標を立てましたが，次第に自分で目標を立てて1つひとつ乗り越えていく過程を楽しむようになりました。

　これらの例のように，自己調整過程によって無理のない課題に漸次的に取り組むやり方は，それによって自己態度を柔軟で現実的で粘り強いものにしていく影響をもたらすことがあるようです。

　さて，あなたにとって生活上の課題は何ですか？ Appendix 5（143ページ）の2つの例を参考にして，あなたの生活上の課題について，目標の具体化と段階化，行動計画の適正化，実行と評価を考えて，書き込んでみて下さい。

参考文献

内山喜久雄編著（1986）『セルフコントロール』講座サイコセラピー4　日本文化科学社

タレン・ミーダナー著・近藤三峰訳（2004）『人生改造宣言——成功するためのセルフコーチングプログラム』税務経理協会

終章 自己カウンセリングの心理学

> 本書は，読者の自己理解を手助けすることを第1の目的として，また心理学的な考え方とカウンセリングに関する体験的理解を助けることを第2の目的として編集されています。終章として，自己カウンセリングの心理学の概要を整理しておきます。本書はカウンセリング理解にどのように役立ってきたでしょうか？　また，あなたの自己理解への取り組みはどのように行われ，どの章が楽しく自分に向かい合うガイドとなり，どの章があなたにとって辛い経験を導くことになったでしょうか。辛い経験の中で有意義な自己直面化を導いた章はなかったでしょうか。最後にあなた自身の体験のまとめをしていただけるよう期待します。

1　自己カウンセリングの構造

　カウンセリングにおいては，まず個人的問題の解決のために援助者を求めているクライエントがいます。次にクライエントが自分の問題をよく理解しその解決に取り組む過程を側面的に援助する専門的立場のカウンセラーがいます。そして，両者はそれぞれの役割を納得しあって，一定の時間と場所においてコミュニケーションを持ちます。これがカウンセリングの基本構造です。

　では，本書が目標としている自己カウンセリングにおいてはどうかというと，自己の問題の解決に取り組むクライエントと，そのクライエントに援助する立場のカウンセラーは同一人です。そして，カウンセラーとしての専門性を支えてクライエントとカウンセラーとの出会いの場を設定しているものが，本書であるということになります。

　実施にあたっては，人は同時に話し手と聴き手になることはできませんから，ある瞬間にはクライエントとなって自己開示し，次の瞬間にはカウンセラーとなってそれを受け止

終章　自己カウンセリングの心理学

めるということになります。さらに，同一人の間では，電車に乗っているときでも自動車の運転中でも授業中でもコミュニケーションができないことはないかもしれないのですが，この本を使う時間に限るのがよいでしょう。あるいは特別な場所と時間を限って，出会いの機会を設けるとよいでしょう。なぜなら，普段の社会生活を円滑に行うには，自己を見つめるよりも周囲の状況に目配りすることが必要だからです。そしてそうした普段の生活を送りながら，特別な時間帯として自己カウンセリングの時間を持つことは自分らしい人生を創造するためにも，また心の健康を回復し増進するためにも役立つことでしょう。具体的には，本書を手掛かりとして，あるときはクライエントになり，またある時はカウンセラーになって，自己カウンセリングを経験することができます。

　紙面の都合でその論理は割愛しますが，自己カウンセリングの構造は，結局は，自己理解の構造であるといってよいかと思います。自分の気持ちに自分で問いかけ，それに答えるという構造が自己理解の基本になるからです。

2　自己カウンセリングのプロセス

　自己カウンセリングのプロセスについては，通常のカウンセリングと異なり，クライエントが未知のカウンセラーとはじめて出会うのではなく，1人の人間の中での自己内対話の関係を開くことから始まります。そして，深い内面の対話を経て，新しく自己の行動を自己調整する段階へと展開されます。自己カウンセリングのプロセスとして，次のような一連の過程を考えてみたいと思います。

1）率直な自己開示を通して自己定位する段階
　自己カウンセリングにおいては，他の人に自己開示する通常のカウンセリングとは異なり，自分の気持ちを自分に向かって開くので，自己開示抵抗は少なく，率直な自己開示が行われます。また目の前にカウンセラーという他の者が座っているわけではないから，自己の経験を自分に向けて開示する中で，自己定位（自分に関心を向けて自分の心に注意を向けること）が比較的容易に行われると考えることができます。

2）自己探索に馴染む段階
　人は自分に強い関心を持っていますから，条件さえ整えば自己開示と自己定位の過程に困難は少ないでしょう。しかし，自分の心をいろいろな方向から探索する過程はカウンセラーの巧みなリードなしには困難でしょう。本書による自己カウンセリングにおいては導入や感想の例示と解説によって自己探索をリードすることになり，しだい自己探索に馴染

んでいくことが期待されます。

3）自己内対話を通じて気づきが進む段階

　幼い頃の思い出や未来の出来事を考え，嬉しかったこと辛かったことなど，自分の経験をめぐって自分の気持ちを確かめていくワークを通して，たとえば，あの時の幸せな気持ちを追体験していくと不安な気持ちも隠れていたような気がする，というような気づきが表れてきます。そして，さらなる自己内対話が促進され，気づきが広がり深められていきます。

4）自己受容と自己促進を深めていく段階

　人は本来自分を大切に思う気持ちが強く，自分に愛情を持っているものですから，不自然な防衛機制や余計なはからいを取り払えば，カウンセリングの基本態度となる敬愛の心を自分に向けることができるでしょう。そうであれば，自己敬愛に支えられて自己受容と自己促進を深めていく段階が可能になるでしょう。自己受容とは自分の姿を望ましい面もそうでない面もありのままに自分の一部として認める心の状態，そして自己促進とは自分がどうなりたいかという自己目標を自覚し，その実現に向かって着実な取り組みをすることです。自己受容と自己促進がともに可能になる状態こそ，自己成長の道を着実に歩む姿といえるでしょう。

5）自己理解を行動に結びつける段階

　自己理解がその場そのときだけの反省に終わることなく，自己カウンセリングによって得た自己理解を踏まえて，学校や職場や家庭における自分の行動がさらに適応的でさらに自分らしいものになるよう自己調整する段階がこの段階です。自己カウンセリングの成果が現実のものになる段階と言うこともできるでしょう。この段階は，一般的な言葉でいえば，反省を深めて日々の行動の改善に繋ぐ段階と言うことができるでしょう。「思うは易く行うは難し」に終わることのないように心がけたいものです。

6）日常生活と自己カウンセリングを調和させる段階

　カウンセリングが日常生活の中での特別な時間であるように，自己カウンセリングも多忙な日常生活の中で，自己を取り戻す特別な時間として位置付けられ，現実の生活の改善のために役立つことが理想です。

3 自己カウンセリングの成果

自己カウンセリングの成果として，次の点を指摘しておきたいと思います。

①肯定的感情気分の促進

　　自己カウンセリングによって自己の現実の姿を直視すると，そのときは苦しくなることもあるでしょう。しかし，無理のない自然な自己カウンセリングであれば自己受容が促進され，自己肯定感が強まると期待できます。そして肯定的感情は困難な活動への取り組みによる緊張を緩和する効果があります。

②否定的感情の緩和

　　自己直面化はこれまで避けていた自己の一面や触れたくない経験に向き合うことですから，それによって一時的に否定的感情が強まることもありますが，現実に向き合うことによって，自己のいろいろな姿を率直に受け入れることにより長期的には否定的感情が緩和されます。

③気づきの促進

　　自分の中の好ましい欲求や関心と同様に自分の中の不安や怒りにも目を向け，より柔軟により深く自己の経験を気づくことができるようになれるでしょう。

④自己成長力の高まり

　　生活の中の経験をあるがままに受け入れ意識化することができるとともに，自己の課題を意識化し，自己目標によって自己の行動を導き，より主導的より生産的に生きる力が高まるでしょう。

⑤回復力の高まり

　　傷つくような出来事に出会っても，傷つきが小さくとどまり，かつ回復力が高まるでしょう。したがって，カウンセリングによってカウンセラーの手助けを受けるさいにも，それによる成長可能性が高まるでしょう。

4 結び

まとめのトライ　　総合的自己点検

　本書『自己理解ワークブック』は，自己カウンセリング演習と言い換えることができます。

　本書のまとめにあたり，ワークの全体を振り返るための問いを用意しました。

Q1 あなたはどのように自己内対話に取り組むことができたでしょうか？

Q2 ワークを通してどのような気づきが得られましたか？

Q3 ワークの成果はどのようなものでしたか？

　この本によって自己カウンセリングに取り組んだ経過を振り返ってみてください。あなたの書き込みを見直してみましょう。とくに印象深いワークはどのワークでしたか？　あなたの自己カウンセリングを総合的に自己点検して，全体的感想として以下に記述して下さい。あるいはレポートにまとめてください。

　本書の目標は，読者の自己理解をガイドすることによってカウンセリングを体験的に深く学ぶ機会を提供することでした。しかし，本書だけでカウンセリングを十分に知ることはできないでしょう。この機会にさらにカウンセリングを学びたくなったなら，カウンセリング心理学の専門書に進んでください。またさらに自己理解を深めたくなったら，専門のカウンセラーの戸を叩くのも1つでしょう。

参考文献
福島脩美（1997）『カウンセリング演習』金子書房
福島脩美（2005）「カウンセリングにおける受容と促進——クライエントの自己受容と自己促進をどう支援するか」下司昌一他編『カウンセリングの展望』ブレーン出版　pp.40-53

Appendix 1

現在感情気分評定20

月　　日　　時

今，この時，あなたはどのような気持ち（感情や気分の状態）ですか？
以下の項目について，今，あなたが，どの程度感じているか，当てはまる程度，あるいは，当てはまらない程度を，数字に○印をつけて答えてください。あまり考えすぎると決められなくなることがありますから，項目を目で見た瞬間の判断で，抜かさずに，順に，すばやく答えてください。

> 1：全く当てはまらない
> 2：当てはまらない
> 3：どちらかといえば当てはまらない
> 4：どちらかといえば当てはまる
> 5：当てはまる
> 6：非常によく当てはまる

1. 楽しい	1	2	3	4	5	6
2. あたたかな	1	2	3	4	5	6
3. もやもやした	1	2	3	4	5	6
4. 気の重い	1	2	3	4	5	6
5. うきうきした	1	2	3	4	5	6
6. 気分がよい	1	2	3	4	5	6
7. 緊張した	1	2	3	4	5	6
8. 不安な	1	2	3	4	5	6
9. つらい	1	2	3	4	5	6
10. いやされる	1	2	3	4	5	6
11. すがすがしい	1	2	3	4	5	6
12. 生き生きした	1	2	3	4	5	6
13. さびしい	1	2	3	4	5	6
14. むなしい	1	2	3	4	5	6
15. 親しい	1	2	3	4	5	6
16. 心がほぐれる	1	2	3	4	5	6
17. いらいらした	1	2	3	4	5	6
18. 不安定な	1	2	3	4	5	6
19. 不信感	1	2	3	4	5	6
20. なごやかな	1	2	3	4	5	6

福島脩美ら（2005）「カウンセリング研修における話し手・聴き手演習の効果に関する研究」目白大学心理学研究，1，1-12，より引用

Appendix 2

想定書簡体験の振り返り票

|月|日|時|

このワークを通して，あなたは以下のことをどのくらい感じましたか。
一番当てはまる気持ちの程度を数字で（　）の中に記入してください。

```
    強　く                        あまりそう           全くそう
   そう思った      そう思った      思わなかった        思わなかった
    ＋－－－＋－－－＋－－－＋－－－＋－－－＋－－－＋
     7      6      5      4      3      2      1
```

1．素直な自分を出せた …………………………………………………………（　　）
2．今まで先送りにしていた問題を直視せざるを得なくなった ………………（　　）
3．やってみて自分を反省した ……………………………………………………（　　）
4．物事を肯定的に考えることができた …………………………………………（　　）
5．気持ちの高ぶりや緊張を感じた ………………………………………………（　　）
6．懐かしい気持ちがした …………………………………………………………（　　）
7．おさえていた気持ちが，外にあふれ出てくる感じがした …………………（　　）
8．もやもやした気分や感情が整理された ………………………………………（　　）
9．心が落ち着くのを感じた ………………………………………………………（　　）
10．すっきりとした気分になった …………………………………………………（　　）
11．リラックスした気分になった …………………………………………………（　　）
12．優しい気持ちやたのしい気持ちになった ……………………………………（　　）
13．ああこういう風に思っていたんだ，とあらためて気づいた ………………（　　）
14．自分のやりたいことや不安なことなどいろいろ気づいた …………………（　　）
15．いつもの自分と違う自分が発見できた ………………………………………（　　）
16．自分の良い面に気づいた ………………………………………………………（　　）
17．自分がした行動に，それなりに理由があると感じた ………………………（　　）
18．自分の問題がはっきりした ……………………………………………………（　　）
19．自分の問題を今までと違う見方で見直した …………………………………（　　）
20．気分や人間関係の問題が自分の心（の弱さや迷い）のせいだと思った …（　　）
21．自分と人とのつながりについて考えた ………………………………………（　　）
22．今よりもよりよい自分になれそうな気がした ………………………………（　　）
23．自分なりに目標に向かってやっていける気がした …………………………（　　）
24．自分のことは自分で責任をとらなければという気持ちになった …………（　　）
25．自分の思っている本当のところを表現できた ………………………………（　　）
26．自然な感じで自分の気持ちが出てくる感じがした …………………………（　　）
27．だんだん自分に語りかけていくような感覚がある …………………………（　　）
28．自分を違う角度から見ることができた ………………………………………（　　）

Appendix

Appendix 3

人生コース作図体験評価票

| 月 | 日 | 時 |

問 あなたはこのワークによって，どんな経験をしましたか？
　感じたり思ったことを率直に答えてください。
　次の基準を参考にして（　）に数字で答えてください。

　　　　強く，そう感じたり，そう思った　　　…（4）
　　　　ある程度，そう感じたり，そう思った　…（3）
　　　　少しは，そう感じたり，そう思った　　…（2）
　　　　そう感じたり思ったりはしなかった　　…（1）

(　) 1. 過去の出来事をいろいろ思い出した。
(　) 2. 自分の気持ちを表現することができた。
(　) 3. 自分の気持ちを見直して整理することができた。
(　) 4. これまでに出会ったいろいろな人々を思い出した。
(　) 5. 優しくしてくれた人への感謝の気持ちがわいた。
(　) 6. 厳しかった人への不満や怒りのような感情がわいた。
(　) 7. 自分について理解するきっかけになった。
(　) 8. この経験から何も感じなかったし，影響も受けなかった。
(　) 9. この経験は気の重い，苦痛なものだった。
(　) 10. これまでの親と自分の関係について考えた。
(　) 11. 自分と親のこれから先の関係について考えた。
(　) 12. 人はいつかは死ぬということにあらためて気づいた。
(　) 13. いろいろな人とのかかわりの中で生きてきたことを思った。
(　) 14. 家族を大切にしたいと思った。
(　) 15. 親から自分，自分から子孫への命の繋がりについて思った。
(　) 16. 人間の一生について概観する経験になった。
(　) 17. つまらない人生だと思った。
(　) 18. 自分の人生は自分の責任であると自覚した。
(　) 19. 自分を大切にしたいと思った。
(　) 20. 自分がいろいろな人に支えられていることを自覚した。
(　) 21. これからどう生きたらよいかについて考えるきっかけになった。
(　) 22. 自分が今何をしなければならないか考えた。

福島脩美ら（2001）「カウンセリング入門教育における模擬カウンセリング法」目白大学人間社会学部
　紀要，創刊号，145-154，より引用

Appendix 4

損益対照表

この表は本文中では直接は扱っていませんが、参考までに紹介します。
例を参考に思いつくままに列挙してみてください。

失ったもの	得たもの	求めて得られなかったもの	代わりに得たもの
例　若さ	地位	初恋の美男子	やさしい力もち

Appendix 5
［目標の具体化，段階化－行動計画の適正化－実行と評価］記録表

目標の具体化，段階化	行動計画の適正化	実行と評価
例：金を貯めて海外旅行 　　目的地，期間，費用の調査・決定	今後の実行可能な預金計画と節約計画	毎月の積み立てチェック
例：学校への復帰 　　既修得単位と卒業単位の調査，出席可能な授業科目と履修条件調査	夜型から朝型への生活習慣の改善計画，学習準備，障害となる不安の軽減策	大学への連絡，指導教員との相談の予約と実施，経済面で親との取り決め，仲間の協力依頼

あ と が き

　クライエントの自己理解を促進する仕事がカウンセリングです。そのためにはカウンセラー自身の自己理解がとても重要です。本書の着想は「カウンセリング演習」を上梓した1997年に遡ります。"自己理解をガイドする本"の構想を金子書房の当時の編集部長，真下清氏に話したところ，即座に賛同をいだだき，その後も折に触れて声を掛けていただきましたが，なかなか着手にいたることなく年月が経過しました。2000年には東京学芸大学から目白大学に移籍することとなり，「自己理解と成長」という授業を開くことにしました。また，日本カウンセリング学会などの研修会の講師としてカウンセリングの講義と演習を担当してきました。こうした機会に取り上げて参加者の自己理解への取り組みの様子と感想などをメモしてきたことが各章の基礎的構成素材となっております。いわば本書は目白大学における私の授業とカウンセリング研修会などにおける演習を基礎に構成されたものです。

　とはいえ，集中的に執筆する機会をもてないまま年月が経過しましたが，1年半前から大学運営の役割を軽減していただき，章ごとの執筆に取り掛かりました。そしてようやく草稿が出揃ったところで，金子書房編集部の加藤浩平氏に読んでもらい，氏の感想と助言をヒントとして内容と形式に手を加えました。また章末の空間には，読者に一休みしていただくよすがに，家内の作による草花の素描を挿入することにしました。

　本書の出版を快く引き受けてくださった金子書房の保坂健治社長，終始暖かく励ましてくださった真下清出版企画部長，菊地俊夫編集部長，そして本書の装丁と校正に情熱を傾けてくださった，最初の読者でもある編集部の加藤浩平氏に心からの感謝を申し上げます。また私の講義と演習に参加された学生，カウンセラー，教師のみなさんに感謝します。このような多くの参加者の体験報告によって本書は豊かな広がりと実際性を得ることができました。

　本書の最終章は『自己カウンセリングの心理学』とでも呼ぶべき内容になっています。いつの日にか，こうした書物を纏め上げてこの分野での私の仕事の総決算にしたいものと心深くひそかに期するところがあります。

　最後になりましたが，読者からご意見，ご叱正をお願いできれば幸甚と存じます。

2005年　彼岸花咲き始める時節に

福島脩美

著者紹介
福島脩美（ふくしま・おさみ）

博士（心理学），埼玉県出身。東京学芸大学教育心理学科卒業後，同大学カウンセラー。東京教育大学大学院性格社会心理学専攻修士課程，博士課程を経て，東京学芸大学教育学部助手，講師，助教授，教授。現在，東京学芸大学名誉教授，目白大学教授を経て，目白大学名誉教授。日本カウンセリング学会名誉会員，日本認知行動療法学会名誉会員。

主な著書：子どもの臨床指導（共著，金子書房，1982），社会性についての相談（編著，ぎょうせい，1993），幼児・児童期の問題と治療的カウンセリングの実際（編著，明治図書，1996），カウンセリング演習（金子書房，1997），教育相談による理解と対応（編著，開隆堂出版，2003），カウンセリングプロセスハンドブック（共編著，金子書房，2004），総説カウンセリング心理学（金子書房，2008），マイ・カウンセラー－わが内なる者との対話（金子書房，2010），相談の心理学－身近な人のよき理解者・助言者となるために（金子書房，2011），保育のためのカウンセリング入門（一藝社，2015）など。

自己理解ワークブック

2005年10月25日　初版第1刷発行
2023年4月28日　初版第14刷発行

〔検印省略〕

著　者　福島脩美

発行者　金子紀子

発行所　株式会社　金子書房
　　　　東京都文京区大塚3-3-7　〒112-0012
　　　　電話　03(3941)0111(代)　FAX　03(3941)0163
　　　　URL　https://www.kanekoshobo.co.jp
　　　　振替　00180-9-103376

印　刷　藤原印刷㈱　製　本　一色製本㈱

© 2005, Osami Fukushima
Printed in Japan
ISBN978-4-7608-2603-2　C0011